# 细说在美国留学就业的那些事

张志宏◎著

国家一级出版社 中国纺织出版社 全国百佳图书出版单位

## 内 容 提 要


2009年，一个普通家庭的中国女孩，一鸣惊人连中四元，被哈佛、耶鲁、麻省理工、普林斯顿这四所世界顶尖学府同时录取，并给予四年全额奖学金。"丹东女孩张宏杰"一夜之间成为传奇，先后有法新社、路透社、美联社、中新网、《世界日报》、《星洲日报》等上百家国内外的新闻媒体争相报道，一时传为佳话。

三年以后，张宏杰再创辉煌，提前被三家著名的跨国公司争相招聘。与此同时，张宏杰刚上高中的弟弟在家庭教育的熏陶之下，品学兼优不甘人后，连续获得了小学和初中毕业总统奖。

是什么样的家庭教育能够结出如此丰硕的成果呢？为此张宏杰的父亲张志宏——一个没有受过高等教育的非教育专家和妈妈沙树杰经过多年的实践，潜心总结出了一套切实可行（特别针对并适合普通家庭教育的）、简单实用的经验，希望能够与关注子女教育的家长共勉，为孩子的将来找到一条通向成功的正确之路。



**图书在版编目（CIP）数据**

细说在美国留学就业的那些事 / 张志宏著. -- 北京：中国纺织出版社，2019. 4

ISBN 978-7-5180-5744-3

Ⅰ. ①细… Ⅱ. ①张… Ⅲ. ①留学教育—概况—美国②就业—概况—美国 Ⅳ. ① G649.712.8 ② D771.282

中国版本图书馆 CIP 数据核字（2018）第 275695 号

策划编辑：陈　芳　　　　责任印制：储志伟

中国纺织出版社出版发行

地址：北京市朝阳区百子湾东里A407号楼　邮政编码：100124

销售电话：010—67004422　传真：010—87155801

http: // www.c-textilep.com

E-mail: faxing@c-textilep.com

中国纺织出版社天猫旗舰店

官方微博http: // weibo.com / 2119887771

三河市宏盛印务有限公司印刷　各地新华书店经销

2019年4月第1版第1次印刷

开本：710×1000　1 / 16　印张：13.5

字数：145千字　定价：39.80元

# 自序

2009年，一个普通家庭的中国女孩，一鸣惊人连中四元，被哈佛、耶鲁、麻省理工、普林斯顿这四所世界顶尖学府同时录取，并给予四年全额奖学金。“丹东女孩张宏杰”一夜之间成为传奇，先后有法新社、路透社、美联社、中新网、《世界日报》、《星洲日报》等上百家国内外的新闻媒体争相报道，一时传为佳话。

三年后张宏杰再创辉煌提前被三家著名跨国公司争相招聘。

无独有偶，张宏杰刚上高中的弟弟在家庭教育的熏陶之下，品学兼优不甘人后，先后获得了小学和初中毕业时的最高荣誉美国总统奖。

是什么样的家庭教育能够结出如此丰硕的成果呢？

在国内家长的眼里，美国教育是一个美丽的光环。这个遥远的梦，使国内人对美国的追慕和推崇显得更加虚幻和绚丽。国内一些经济殷实的家庭不惜重金，让孩子孤身远渡重洋，来到美国接受教育，在这些孩子当中，有的甚至从小学就开始接受美国教育。

可怜中国父母心，美国的教育到底怎样？美国学校到底是怎样培养孩子的创造能力？美国是否像中国学校那么以分数高低论学生优劣呢？在美国接受世界一流的学校教育，就真的能培养出人格和能力俱佳的顶级人才吗？

实践证明，美国教育更侧重学生学习能力的训练以及创造能力、批判性思维能力的培养，特别注重培养学生自信、自立、自主的精神品格，在学生创造力的培养上有自己独到的教育经验。对于孩子的创造能力来说，有两种能力比死记硬背更有用，一种是他要知道去哪儿寻找他所需要的比他能够记忆的多得多的知识；另外一种就是他综合使用这些知识进行新的创造的能力。很多在美国环境下成长的孩子，他们脸上总是洋溢快乐自信的微笑，内心充满阳光又富于创造力。他们没有严苛的考试规程，也不用每天操劳一大堆作业，孩子有足够的时间用来思考，做他们自己感兴趣的事情，学校注重孩子的实践活动，侧重孩子的动手能力，开发他们求知的原动力，培养主动学习的习惯，在积极快乐的求学过程当中，孩子的个性爱好得到最大的发挥，学校成为孩子想去的地方，那里成了他们的百乐园。

即便这样，美国的教育真的无懈可击吗？当你摘下美国教育绚丽的光环，与它面对面接触的时候，好多事情并不如你想象的那么美好，特别是许多即使在美国已经生活几年甚至更长时间的国外留学生们在面临就业和长期居留问题时，因理想与现实生活所产生的落差和种种矛盾碰撞时，更让许多人不禁怀疑美国的教育是否存在缺陷。

就事论事，中国的基础教育可能在全世界是最扎实的，中国的学生求知也是最卖力的，中国的家长做梦都盼着儿女成为人中龙凤，所以特别关注孩子的学习成绩。但是中国教育依然存在很多弊端，从某种程度上来说，还属于应试教育，培养出来的人才缺少创造活力，喜欢照搬书本，缺少变通，所以中国的孩子和家长一直期待一些富于人性化、创造性的教育模式。

中美教育到底有何不同？美国教育的成功和失败之处在哪里？为什么美国有钱人放弃免费的公立教育，偏要花费大量美元送孩子就读私立学校？而国内的公立学校，怎样才能找到适合中国孩子的教育方式呢？本书从实际出发，从不同角度分析解读怎样才能吸取美国教育的长处融合到中国教育体系当中，在中美教育之间找到最好的教子妙方，使中国的孩子身心能得到健康快乐的成长。

总之，大家都知道无论在中国还是美国，对许多人来说毕业即等于失业；特别是那些不辞辛苦抛家舍亲万里寻梦的留学生，他们究竟为的是什么？该怎样做？又会得到什么预期目标？这些比较突出、与每个人都息息相关又急须解决的问题，使我产生了强烈的使命感，我必须要去帮助他们尽快了解美国留学，以及找到满意的工作并最终居留，作为一个走过来的人，我愿意义不容辞的把这二十年来实战成长经历和处理问题的体会分享，让更多的同胞都有机会圆一个梦想，以偿海外侨胞的赤子心愿。

凡事感恩，写这部书我并不贪图名利，只是想真正帮助那些在异国他乡举目无亲，因为居留找工作摸不着头绪而饱受痛苦煎熬的大小留学生们。之所以造成每年递增的大量“海归”，坦白地说，其中一个重要的原因并不是他们不够优秀和努力，而是大多数的人活动圈子太小，或者是还不能尽快地从一种生活状态转变观念，还不够了解美国，更没有真正地入乡随俗融入到美国社会。

要么成为名副其实的海归回国，要么让自己留下来继续圆梦，为此，我这个草根亲子专家，与张宏杰的妈妈沙淑杰经过多年的潜心实践，总结出了一套切实可行，特别适合中国家庭教育的留学、就业、扎根的亲子法宝。希望能够与关心热爱子女教育的国内家长共同分享，一起进步，为孩子的未来筑梦成真，早日迈向成功的康庄大道。

值得一提，自《哈佛并不遥远》和《时尚创意美式寿司》出版以来，这是我五年来利用业余时间正式出版的第六部关于教育类的图书。就教育话题而言，对于高中毕业的我来说是一个学无止境、充满挑战的全新领域，所以这部书不是令人望尘莫及的专家力作，理论性可能差强人意，但是它不哗众取宠或者夸夸其谈又很接地气，毕竟它来源于普通家庭父母一点一滴的留学、就业、居留亲子实战心得。在我抛砖引玉、您关注支持的同时，恳请良师益友批评指正，弥补书中不足之处，以期共同提高，一并致谢出版社的编辑、专家对我的帮助和鼓励。

著者

2018 年 8 月

Contents

# 目录

## 第一辑

# 我看美国教育

## (1)从孩子出生说起：一杯水的祝福

很多国内家长问我在美国对孩子的教育与国内有何不同？我觉得这是一个很宽泛的问题，三五几句是无法给予满意的回答，我只能根据自己的见闻与大家略说一二。来到美国，我最为关心的还是孩子的教育问题，要想在美国把自己的孩子教好，我必须要熟悉美国的地域文化和风土人情。我是中国人，自然要把中美教育的教育方式进行比较，既要入乡随俗，又要适合自己的家庭环境，找到并制定切实可行的家庭教育。

我们还是从美国小孩出生那一刻谈起吧！看看那些金发碧眼的洋孩子是怎样度过他们的童年？

美国孩子出生的时候，做父亲的，包括一些重量级的亲属都要在孕妇的产房外拭目以待，给英雄母亲打气加油！鼓舞她战胜疼痛的勇气，顺利迎接最为激动人心的幸福时刻。一般情况下，要由孩子的父亲亲手剪断连接母子的脐带，共同见证幸福时刻的到来。助产医生也会在第一时间递给孕妇一杯带有冰块的冷水，表达对孕妇的敬意和祝福。随后医生把孩子抱走，开始给孩子一些必要的测量和沐浴。此时，孕妇的亲属也是忙得不亦乐乎，他们始终陪伴在产妇身边，用摄影机和照相机不停地抓拍，不会放过每一个细节，完整地记录宝宝来到人间这一激动人心的全过程。从产妇分娩到孩子呱呱落地的整个场面是温馨的，大家轻松快乐地说笑，没有丝毫的紧张和恐惧。鉴定为身体健康正常的新生儿，第二天早上就会和妈咪一起离开医院。临走的时候，医院会送给宝宝许多免费的婴儿用品以及一些诚挚的叮咛和祝福。而且严格要求宝宝家属出示用于婴儿乘坐的安全座椅，如果家人的汽车没有准备好，无论你多么牛，医院都不会让你把婴儿带走，这是对婴儿安全的基本保障，也是对新生命安全的重视。在医生的热烈欢送下，母子走出产房来到医院的大厅，此刻守候多时的亲朋好友会一拥而上，争相献出早已准备好的礼物，玫瑰花、童装等，各式包装精美的贺礼令人眼花缭乱。霎时间，照相机灯光闪烁，大家欢声笑语，场面温馨而隆重，就像迎接凯旋的大英雄。出生不到两天的小孩就这样闪亮登场了。

亲朋好友散去后，留给小家庭许多自由支配的时间。饥饿的产妇就会手拎着婴儿筐，带着小可爱到饭店大吃一顿以示庆贺。孩子可能怕热，因而衣不遮体，在炎热的夏季也就罢了，如果在寒冷的冬季，你就会评头论足，愤愤不平了：这个妈妈是怎么当的，自己裹得严严实实，那么小的孩子却赤着脚裸露着小腿对抗着西北风。他们抱孩子的姿势，也是令你叹为观止，五花八门，非常随意，从没有一个人担心过这样抱，会闪了孩子的腰，惊吓到孩子，令小可爱不舒服。尽管这样，美国的小孩子一个个还是那么生龙活虎。不过在这里，您绝对看不到任何一个穿开裆裤的小孩子，男女性别，从着装上一看就知道，不像有些国家小孩着装不分男女性别。小到玩具，书包等也是分得清清楚楚，男女有别。

美国的小孩子生下来就喜欢自由，因为他们生下来就没有被包裹的习惯，不同于有些国家的地方风俗，绑身、睡头这一说法。无论是睡觉，还是玩耍，都是自由自在地手足舞蹈，尽情地摆出自己的姿势。美国的小孩子生病很少吃药，一是医生不随意给孩子开处方；另外，大家都知道是药三分毒，没有人愿意以身试毒，打针更是少见。如果小孩需要打吊瓶，那么这个人不是身患重症，就是病入膏肓。大家都知道病症的最好治疗，就是多喝水，多休息，增强自身的免疫力。

美国小孩子学吃东西的时候，可谓八仙过海，各显神通，无论他们怎样吃，吃相多么脏乱，没有人去管他，让他们随意吃。如果没有吃饱，也不必理会他，饿了，下一顿就知道应该多吃一些了。到了孩子上学或者离开父母的时候，父母就不用担心，他们知道孩子会把食物往嘴里送，不会饿着的。

美国的小孩子非常懂礼貌，孩子学说话的时候，除了最先学会叫爸爸妈妈以外，第三个单词就是谢谢。无论是父母，还是其他任何人，小孩只要接受对方帮助，或者收到对方礼物，小朋友除了表示高兴，一定要非常认真地表达自己的谢意。如果孩子一时高兴忘了，父母知道后，会非常严肃地提醒孩子说：“我建议你应该说点什么？”小孩子就会猛然记起，连忙

表示谢意。美国的小孩子在他们做错事的时候，都会认错，表示歉意，绝不会无理取闹。他们会争取对方原谅，从而得到大家的宽恕和理解。

美国的小孩子喜欢说赞美的话语，让人听起来非常受用舒服。比如，美国小孩去朋友家里吃饭，饭菜一呈出来，小孩子就会赞不绝口，先从盘子说起，夸赞每一件餐具，赞美它们的精美别致。这不同于一些其他国家的孩子，只是嘴边说一些空洞的论调，以致在日常交往中，也是说一套做一套。可能有些人不赞同美国小孩的做派，认为这样做显得非常虚伪，难道我们不能理解成他们非常有涵养吗？试问有谁愿意听伤人的话语呢。

美国的小朋友非常乐观豁达，因为他们的父母和学校不会给他们太大的压力，他们对生活和未来充满自信，充满希望，有些甚至是夸大的自信。美国的小朋友非常讲卫生，他们自幼就养成经常洗手，每天换洗全部衣物的卫生习惯。一个礼拜每天穿戴的衣服绝对不一样，否则就是父母没有尽到抚养的义务。即便孩子玩得尽兴的时候，躺在地上或是席地而坐，也不会看到衣服变得很脏，那是因为他们热爱环境卫生的习惯所致。看不到乱丢垃圾，随地吐痰，随地大小便等损害公德的行为。他们会以身作则地积极维护公共卫生，经常做一些类似国内义工的事情。

美国的小学教育不提倡死啃书本，他们更注重个性特长的自由发挥。所以你看到的是天真活泼和淳朴善良，很少有刁钻古怪的小天才让你眼前一亮。他们培养的是孩子的兴趣所在，并不是父母对孩子的设计，所以小孩子做起事情来，兴趣浓厚，自然就投入。美国对小朋友的教育以鼓励为主，从不冷言冷语打压孩子的积极性，使孩子产生恐慌逃避的心理。他们鼓励孩子兴趣要广泛，让孩子去接触学习更多的知识，让孩子自己去选择自己的爱好。因人而异，量体裁衣，并非一定要按照父母的意图去发展，所以他们更有想象力和创造力。

## (2)童年时期的美德培养：品行比什么都重要

美国的小朋友对人和动物非常友善，他们更加热爱生活，善待宠物。许多家庭在孩子出生以后，就会遵循医生的建议，养一只猫，一只狗或者一只乌龟，取一个漂亮好听的名字送给他们的小宝宝，让宠物陪着孩子一起快乐地成长，从而培养孩子的爱心。所以美国人不能理解其他国家的人们为什么热衷吃肉，无法忍受虐待动物的现象存在。因为这个世界有了动物的陪伴，人类的生活才会更加精彩。

在美国，绝对不允许成年人恐吓和殴打小孩。美国专门制定一个完整严厉的法律体系来保障儿童权益。孩子入学时，老师就会对小朋友说得很清楚，如果个人受到伤害，一定要报告警察，让法律为你讨回公道，所以在学校里，老师不敢无缘无故地讥讽或嘲笑学生，更不用说殴打体罚了。在家里也是一样，小孩子犯了错误，父母惩罚孩子的方式顶多是让孩子自己去房间反省，直到他们认识了错误，才让他们出来。并不会对其搞一些拳脚演习，因为那样是犯法的，父母可能失去对孩子的监护权。

在美国长大的小朋友，他们大多性格活泼开朗，待人接物很有礼数，讲究团队精神。他们从小就经常参加聚会，名目五花八门。就连四五岁的小朋友也很潮，有模有样地光顾情人节的聚会。彼此赠送礼品，很是惹人喜爱。与人交谈时，他们会认真地看着对方，会耐心地聆听不同的话题。与人交谈时从不争抢话题，不向别人展示自己的口才，相反他们更想知道别人的内心世界。他们说话的语气谦和，表现得很有修为。所以他们无论走到哪里，都会结交很多新朋友。当然，父母也不甘落后，他们充当孩子的心灵使者，经常告诫孩子们要怀着一颗感恩无私的心。

美国的小孩子很遵守秩序，在购物或者乘车排队时，他们都井然有序地排队，耐心地等待，不会有插队的行为。排队等候时，如果有小孩子在公共场所哭闹，父母大多会把孩子带到人少的地方抚慰，等孩子不再哭闹的时候才返回来，因为他们不想把麻烦添加到别人的身上。

另外，美国也注重培养小孩子的诚信品德，绝对不允许小孩子撒谎。当然，大多数小孩子是不会撒谎的，但是如果有人撒谎，那一定是个弥天大谎！一旦谎言被人戳破，那人可能一辈子都抬不起头，被贴上不良的标签，做什么事情都会受阻，比如不能买车买房，不能开公司，不能申请信用卡，总之，如果没有诚信，在美国就会寸步难行，诚信是美国人的第二生命。所以在美国长大的小孩子不会存在侥幸心理，不是自己的东西绝不能占有。比如在无人守候的超市或礼品店里，面对诱人的食物和玩具，也不会有一个人去贪小便宜。因此在美国，当没有人在家的时候，主人也经常门不上锁，夜不闭户。许多的大小装饰物品随便放在门外也不用担心被偷。

美国的小孩子胆大心细，充满幻想，极具独立的个性，不惧怕鬼怪。其实，美国很多社区与墓地相邻，在万圣节的夜晚，他们都在自己的房间里挂满了阴森恐怖带有鬼怪的饰物，用音响播出鬼哭狼嚎的音乐，甚至打扮成各种恶鬼到处戏耍，以此为乐。而且他们也不怕黑，打小孩出生后，就让它单独睡一张床。

## (3)循序渐进式的学校教育：玩、学与探究

美国的小孩子经常抱着比他们还小的弟弟妹妹玩耍。比如，你看见一个只有四岁的姐姐抱着四个月的妹妹也不要感到奇怪，因为像这样的事情太正常了。当你看见一个八个月的小孩子在哭闹的时候，他的妈妈随手将一根尖尖的竹筷插进孩子的嘴里当玩具，你也不要替孩子紧张，因为他们并不觉得那是一件危险的事情，而且他们自己也是这样长大的。

在美国，小孩子在 18 岁之前不可以接触香烟，21 岁以前不可以接触酒类。他们也不会帮助大人买烟买酒，没有人敢卖给他们，也不会替他们去买。因为这样做是违法的。此外，不允许小孩子购买彩票，烟花爆竹也是一定要在大人的监护下购买。

美国的小孩子非常讲面子，他们都会给予对方高度的尊敬。而大人给予小孩子更多的是鼓励和赞美，从不会冷嘲热讽。家庭成员之间没有明显的等级制度，更像是一种朋友关系。小孩子可以随意直呼父母的名字！家中的一件小事，大人们也会虚心征求小孩子的意见，聆听或者接受孩子的建议，小孩若有错误就加以引导改正，这样就能从小培养孩子独立的个性和领导能力。

美国的教育是有教无类，目的就是让每一个小孩子都有免费上高中学习的权利。学校没有快慢班级的差别。在第一次对孩子的测试以后，学校把班级打乱分成若干个小班。视人数的多少，每一门课分成三至五个小班级授课，比如上数学课的时候，由于成绩特别突出被分配在 A 班，语文课的成绩一般被放在 B 班，体育课时由于身体素质原因被分组 C 班。这样因材施教，使孩子水平相近没有压力，学习起来更加轻松愉快。而无论在哪

一个班级都会有好的成绩表现，没有压迫感就不会自暴自弃，进而助长孩子学习的热情，培养孩子积极向上的精神品质。在每一个学期结束以后，学校根据学生的成绩再行划分，这样总能够表现出孩子突出的一面。

此外，美国的小朋友，在学校能上很多手工课，比如烹饪、烧制陶器、服装搭配、科学实验等一些贴近生活的知识课，培养孩子浓厚的学习热情，进而使其养成热爱生活、热爱学校、热爱团队、友爱互助的精神作风。在美国，男孩子表现得非常绅士，女孩子展现得活泼开朗，男女小孩在一起的时候，男士处处谦让，女士当仁不让。

美国的小孩子在小学四年级以前的基本任务就是玩耍，每天去学校就是吃喝玩乐，而这也是小孩子最喜欢的。四年级以后学习的任务才开始慢慢加重，因此许多外国新移民特别是亚洲的小孩子都非常喜欢这里，他们觉得学习的内容比以前简单许多，没有感觉到压力，只要稍微用心就能取得好成绩。到初中时，学习内容又多了一些，不过学的多玩的也不少，还是很轻松的。

到高中的时候，学习的节奏就开始加快了，但是应付起来仍然绰绰有余，所以有一些成绩优秀的学生学有余力，就选修了许多大学课程，为以后申请大学的时候做准备。而要想进入理想的常春藤名校，你就必须选修12门以上的大学课程。所以这也是孩子自学的开始。

到大学后，情况一下子全都改变了，原先不紧不慢的生活节奏早已无影无踪，学习的步伐开始明显加快，学习方式也有很大的变化，常常以探讨为主题，一个问题刨根问底，非要弄个水落石出。如果没有良好的基础，你就会跟不上老师的教授。在这个时期，有许多原先喜欢啃书本的学生，就会感到很失落，学习成绩急剧下滑，而先前一些不起眼的学生反而后来居上，用他们的聪明才智创造出一个又一个骄人的成绩。大浪淘沙之后，许多原来成绩优秀的学生不得不自愧不如。因此，教育要讲究方法，只有不断地创新开拓，才是教育的兴旺之路。逆水行舟不进则退，固步自封、妄自尊大只能使教育倒退，思维呆滞。

## (4)公校、私校与升学制度：SAT考核、活动经历和推荐信

美国的教育比较特别，可能让有的人赞叹，也可能让有的人嗤之以鼻。但是不管怎么说，这种教育制度的确培养了世界上很多卓负盛名的优秀人才。美国政府对教育的支出从不吝啬，千方百计地扶持教育事业。各大公司也是争相对教育事业不遗余力地赞助，社会团体和宗教团体更是如此，他们这样做的目的，不仅能够推进教育事业的蓬勃发展，同时也从中获得政府的减免税收，可谓一举两得。以前，大学的教育经费来自于国家的分配和社会团体的慈善捐款，以及私立学校的自募集资。后来逐渐趋向于国家拨款，校友捐款和对外出售科研项目的收入。所以小孩子在开始上学直到高中的时候，一直面临两个选择。一个是去学费全免、午餐免费、每天有校车来回接送的由政府创办的公立学校。另一个就是去学费昂贵、独立上学的由教会创办的私立学校。不言而喻，公立学校有贫有富，种族不一，教学的内容比较简单，而私立学校无论是配套资源，还是教学品质都要好一些。虽有公私之分，但是这并不影响孩子今后上大学时候的竞争力，却能够影响孩子一生的道德修为；教会创办的私立学校，学生人数众多。美国的家长不必为小孩的学费担心，医疗保险也是一样，美国法律规定对于家庭生活拮据的 18 岁以下的小孩，看病就医都由政府买单，另外，他们还可以享受诸如税务补贴，领取免费食物券的权利。

美国的升学制度也是很特别，一般在高中以前没有什么变化，积极推广普及高中教育。但是到了上大学的时候，情况大为改观，一般在高中第二年的时候，学生就要着手准备升大学的事宜。他们根据自己准备的情况，随意制定时间参加大学联考（SAT 评测），这也是被美国高校普遍认可的考评依据。虽然考试可以多次参加，但是费用要自理。对于家庭收入较低的学生可由学校出具证明，免费第一次应试。考试前两次取单科最高成绩作为最后成绩；第三次开始取历次考核平均分数。许多学生为了了解自己向往的学校，一般的情况是在家长或同学的陪同下，逐一走访心仪已久的学校，在学校的安排下实地考察参观宿舍、餐厅、教室、礼堂、运动场等相关信息，听取校方热情的介绍。为以后申请学校提供重要的依据。

在这一时期，学生除准备应试 SAT 考核以外，还要认真准备其他事项，比如自己给每一所想要去的学校写一封申请书，说明为什么要选择这所大学，也要准备好以往参加各种活动的简历，比如参加慈善活动，参加义务工作服务的累计时间和该机构出具的有效证明以及评语，以往参加社会团体组织时，曾经担任过的职务；比较突出的才艺特长，比如曾经担任某乐团的首席小提琴手，跆拳道全国冠军；除此之外，还要准备请升学指导老师帮你写一份精彩的推荐信，证明你是一位勤学上进品德优秀的好学生；更不要忘记把自己在麦当劳或者医院，参加非洲国际红十字会工作实习的经历整理好，给你想要申请的学校一并寄上，等候他们的回音。

对学生来说，人脉关系至关重要。虽然学习紧张，但是他们五花八门的社交活动一样也没落下，比如生日聚会、舞会、慰问活动等等。这也是保持朋友之间沟通的最好方式。美国大学培养学生的目标是学生的创造力和领导能力，像常春藤名校更是如此。比如，哈佛学校的录取分数为 2200 至满分 2400。在 2300 分以上成绩可谓出类拔萃，但是学校却不一定要你，2300 分以下虽然分数偏低，但是其他方面非常优秀突出，学校也会对你偏爱。

## (5)大学招生审评委员会的评估标准

当一切准备好以后，学生所申请的学校就开始组织庞大的招生审评委员会，他们会认真评估每一个学生的具体状况，去甄选他们中意的学生。特别是像常春藤名校，他们的要求更为严格，但不外乎是从 SAT 成绩、社会活动经历、特长、潜力、校友记录、族籍、离校居住距离、学校俱乐部配额、自荐信、推荐书等这几个方面去评审。其中尤以 SAT 成绩最为重要，但是相同条件下，其他成分显得更为突出。比如：在社会经历中，你是重要角色，或者只是个配角，如果是前者可能加分，后者就没有了。

从个人潜力来看，一个是来自著名私立高中的学生，他的 SAT 成绩 2100 分；一名来自公立学校的贫困学生，他的成绩是 2000 分，把他们放在一起比较，前者各项指标都非常出色、成绩靓丽，而后者虽然成绩也非常优秀，但是他的其他指标并不出色，原因是他的家庭比较贫穷，放学后没有更多时间去做一些其他的事情，只能去餐馆打工帮助补贴家用。在这个时候，评审委员会不但会给他加分，还可能破格录取他，而淘汰前者。他们的理由是，贫困学生能够在简陋恶劣的环境里自强不息，取得令人骄傲的好成绩难能可贵，假以时日，当环境改变时，他全心全意地投入到学习中，定能创造奇迹。而前者在好的前提下取得的优异成绩，在众多的优秀学生看来是不足为奇的。况且 100 分和 95 分在他们的眼睛里都是一样，只要努力进取就没有永远的差距。

特长：就是你在某一领域有比较特殊的表现。比如你是 NBA 或是影视大明星，同样可以得到加分，这在许多国家也是天经地义的事情。

校友记录：就是家庭成员曾经有过该校的学生，或者曾经有过巨额捐赠给学校。

自荐书：就是你写给学校的申请感言，如果能够感动委员会就有希望加分。

推荐书：来自老师和学校对学生在校表现的评语和推荐。

族籍：如果是少数民族就加分，为的是突出校园种族多元化。不过如果超出了学校的族籍比例，你的成绩即使比别人好也可能被淘汰。

居住地的离校距离：指从学校到家里的距离超过500英里以上即加分，这是为了吸引更多的外来优秀学生。

学校俱乐部的需求：比如说学校有一个著名的乐队，原来的小提琴手今年刚好毕业。学校为了填补这个位置，他们就会在有这方面特长的学生中选拔，要是在录取分数线以内没有找到，这时学校就会在接近分数线的学生中选拔，破格录取。

在校成绩：指以往的各个年级的在校学习成绩。有的偏远地区学生在校成绩评估过低，委员会就会相应地加分，相反如果有的地区评估过高也会减分。如果是以第一名在校成绩毕业也会加分。

社会活动经历：指除了在学校以外的社会活动，比如慈善、人道援助、社会义工、打工经验。表现特别突出也会加分。

美国的公立和私立大学的学费区别非常大，比如公立大学只提供给在本州居住的学生，对外州的学生收取更高的费用。值得一提的是美国大学诸如哈佛、耶鲁、麻省理工、普林斯顿、斯坦福等排名前20名的大学，只有加州伯克利一所是公立学校。另外美国为了吸引来自世界各地的优秀学生，面对全球招生。经过严格筛选再对进入前5000名优秀学生进行选拔招生，通常是比国内提早，一般是在九月份由学校推荐申请，同年十二月份得到通知。录取率大约为千分之三，大约有十七人最终被录取。

一切资料准备妥当后，学生们就要给想要申请的学校发信。一般来讲，你可以申请8所学校，也可以申请20所学校，理由是申请的学校越多，录取的概率越高，但是申请费要自理。对于一些家庭贫困的学生，申请前四所大学的费用给予免费，其余的费用自理。大多的学生都会申请12所以上的大学，即理想的大学4所，满意的大学4所，拭目以待的大学4所，这是为了以防万一。当大学招生委员会收到申请以后，他们就会认真审核评估，筛选他们理想的学生，然后进行表决，这个时期，学生最为紧张。

从一月份到三月份，学校会把录取通知书陆续寄给每一个申请的学生。如果你看到邮箱里收到的是一个厚厚的大信封，这就是一个好消息，一定有学校录取了你，如果你看到的是一个普通的信件，那就非常可惜，你申请失败了。到了四月一日前，所有的通知都会寄到。这个时候，学生的选择权利就会反转，面对众多选择，学生们会认真比较，然后艰难地做出自己的决定。对于中意的学生，学校还会发来许多热情洋溢的信件，极力讨好学生，催促学生务必选择他们。

这就是我所知道的美式教育，它不仅外表靓丽，内在也是同样完美，这让我不由得突发奇想，我们千年前的书院教育是不是他们今天所兴行的教育模式。

## (6)旨在培养各行业人才的美国教育

“如果到了美国不懂得换位思考，还是以过去养成的应试教育模式来看美国的中小学教育，那样对美国的教育只会感到失望。如果不调整自己的心态，不入乡随俗地适应美国的生活模式，那只会在美国生活得更加辛苦，从而怨声载道。”偶尔遇到一些想移民来美国的朋友，我打心底想知道他们究竟是如何打算。目前国内有一部分人条件也非常优越，甚至令人艳羡，但为何还想移民？仔细一问，好多国内的朋友都说是为了让孩子接受更好的教育。正是英雄所见略同，但凡移民来美国的人，最常用的“借口”，就是希望孩子有个更好的未来，让他的生活更加幸福。

如果仅是为了逃避国内令人望而生畏的高考而送孩子来美国读初中，你到时候可能会很失望。众所周知，美国是一部分人的天堂，同时也是一部分人的地狱。正因为如此，一些人从国内高兴地来美国，十几年后才发现这里并不是他们想象中的天堂，他们以为美国的素质教育就应该是花更多的时间来学习数理化，结果发现自己的孩子连九九乘法表都不会，并且心算能力比国内的一年级小学生还差，因此他们对美国的中小学教育大失所望。许多人经常抱怨，就连一些在美国陪孩子读书的妈妈们都说：“美国中小学上课的时间很少，下午在学校没呆一会儿就放学了，也没有家庭作业，只会疯着玩。这样像美国的小孩一样输在起点上，甚至连终点也输了。我们那时满腔热情，现在后悔当初不该送孩子来美国读书。”

其实，这种担忧很让人理解，如果真要移民美国，就不能再以国内的眼光来看美国的事情。虽说美国是一个包容性非常强的移民国家，可学校不是专门为哪国人开设的，尤其是美国的中小学教育模式，那是为绝大多数美国人的小孩将来能很好地融入美国社会而设置的。国内人将孩子送来美国读书很大的原因，就是不喜欢国内的应试教育，因为国内教学的目的都是为了分数和升学率，为了让孩子赢在起跑线上，各种繁重的学习任务压得孩子透不过气来，牺牲了孩子本该享有的乐趣，所以他们才下决心送孩子出国读书。

有些家长其实不然，以为让孩子从“火坑”中跳出来后，就会进入到他们理想化了的“桃园”。当看到孩子早早就放学，回家又没写家庭作业时，又不由自主地要在美国再给孩子设个学习的“火坑”。当美国的中小学教育现实，与他们心目中为考取名牌大学需要花费更大精力有很大的落差时，他们就会抱怨美国学校的老师不负责任，教学不花心思，不给孩子们布置家庭作业等等，还是以自己过去所受教育的思维来评价美国的教育方法，这当然会产生很大的失落感。殊不知很多美国平民家长的价值观与我们截然相反，也就是说企图心没有国内人那么大，他们的理想就是过上知足常乐的生活，他们不需要靠当工程师或者医生，而只靠在服务行业中谋一份职业，就能租到生活设备齐全的住房，吃到放心的安全食物，在节假日开车去旅行，高兴时可以买贵得离谱的名牌衣服，退休了还有医疗保障。他们觉得，既然能这样舒适地生活，为何要让孩子们从小就受苦。

美国未来的社会发展就像驾驭的马车，两轮负重。高度发达的科技行业与不同层面的低端服务行业两头并重。所以美国的教育同样也是两头并重，大学期间注重优秀人才的培养，中小学着重培养孩子学习的兴趣。因材施教，在寓教于乐中，培养孩子们能独立学习和思考的能力。如果不让孩子从小发挥他们的天性，而总是以家长的意志去左右孩子们的选择，孩子长大后，又怎么能成为一个有独立思考和创新能力的人呢？在职场竞争日益激烈的当下，他们如何去转换跑道应对新的职业要求？

美国的中小学教育可能不适合那些走独木桥式教育的中国家长们的要求，但为大量美国人以高素质的技能进入服务行业提供了最为合适的教育服务，不会将大量的人力物力投入到数理化的教学上，而是合理地使用资源，花费更多精力去开设让孩子们从小就能接触到社会生活中方方面面的课程。但这样的课程往往被一些中国家长认为是多余的，恰恰这些看似很轻松的课程，正是美国中小学素质教育中最为重要的组成部分。它让孩子从小就对自己感兴趣的方面产生主动学习的动力，在以后的职业生涯中，能从事自己感兴趣的工作。

说归说，做归做，天下的父母，谁不希望自己的孩子能上个名校？这只是家长美好的愿望，未必是孩子自己真实的想法。可怜中国父母心，他们在国内恐惧失业下岗，恐惧生活没有保障，恐惧沦落底层而受人瞧不起，恐惧这恐惧那，恐惧成了他们压在心头挥之不去的阴影。所以移民后，他们也不顾孩子自己的感受与能力，希望自己的孩子能考上名牌大学，希望自己的孩子能有个高薪职位，从而有个好的生活保障。但是，如果还是用国内那套孩子未上小学，就要认识上千生字，能背上百首古诗，能快速倒背乘法口诀，总之以死记硬背来衡量美国的教育，而看不到美国教育启发孩子，让他们从小就养成独立思考的能力那么只会对美国教育更加失望。如此看来，家长们是否要慎重些，要么多花些钱送孩子去私立学校，要么就读普通公校。不过也别指望在私立学校读书，就一定能上名牌大学，毕竟美国的中小学教育不是为能就读名牌大学而开设的。

美国中小学教育没有使用全国或某个州的统一教材，课本都是各个学区自行选择的，里面的内容包含了社会生活中的各个领域，孩子每天都会从这样的课本里学到很多东西，不懂的问题，他们就会带回学校问老师。这种教育方式让孩子学会自学，学会发现问题，学会提出问题，进而去找到解决问题的途径，比如问老师，问家长，还可以去图书馆，去博物馆，去互联网寻找自己满意的答案，而不是靠填鸭式的死记硬背去死磕已经存在的东西。像大科学家瓦特，就是在好奇的观察实验中，逐步掌握了蒸汽机的发明原理，而不是靠死啃书本而得知的。因此，孩子在自发的兴趣中寻找答案，是品学兼优和成功的基本保证。劝告那些来美国的国内家长们，只有入乡随俗，才能使孩子的教育赢在起跑线上，最终不负所望地迈上胜利的终点站。

## (7)美国读大学：昂贵的学费和健全的资助体系

在美国，从小学到高中，上学完全是免费的。课本不需要自己购买，而是由学校统一发放，只是用完后要还给学校，如果在使用时有损坏的话就需要赔偿。一般来说，学生都没有必要带课本回家做作业，而且那些课本都很大很厚很重，所以学校给每个学生都提供一个柜子来存放书本、杂物之类的东西以方便学生。学生只需要自备书包、纸笔即可。

在学校里，老师动手打学生或者辱骂学生，会受到法律的严惩。所以有时候可以把学生看成老师的“衣食父母”，而老师又怎么会不孝顺父母呢？当然这只是一个幽默式的比喻而已。老师也不会以成绩看人。此外，在遇到矛盾和纠纷时，学校禁止学生打架斗殴，让他们充分认识到暴力是解决不了问题的，其实这就是学校注重培养学生的尊重和宽容的心理素质，也跟我们所说的君子动口不动手的道理是一样的。

在美国上学，不管是小学、初中，还是高中，学生中午一律是在学校吃饭，而且饭菜价格很便宜。当然，对于那些吃不惯学校饭菜的学生可以自带便当，对于低收入家庭的学生可以申请免费的午餐。

美国的电视、电影有严格的分级制度。主要是根据暴力程度跟色情程度来分，分为：所有年龄、7 岁以上、14 岁以上、18 岁以上。所以如果想看 18 岁以上的影视，就要核实你的身份，之后才能买票。而 14 岁以上的必须有大人陪同。所以这也是很多小孩子长大以后都比较单纯的根本原因。

美国的小孩子，他们的学校成绩都是保密的，老师也从来不会公开考试成绩，更不会像国内某些老师，为了达到提高成绩的目的去羞辱或者鼓励学生，其实在美国这样的事情对小孩子会产生很大的负面作用，甚至会让老师惹祸上身，所以老师不会给学生留下任何歧视行为的把柄。在美国，所有学校都专门给残障学生留有位置，他们会和正常人一样上课，而且还会有特别的老师照顾他们。没有人会对他们另眼相看，甚至歧视他们。在美国，从小学到高中的学校课程分为几大类，英文、数学、科学、社会科学、第二语言、美术、体育。科学类里包括生物、化学、物理、地球宇宙学等等，他们有选择地学习一些课程，学生每类完成多少学分（多少课程）就可以毕业。

以上，我们介绍了美国的家庭教育和学校教育的一些常识，这对那些想要或者将要送小孩子出国留学的家长们提供了宝贵的参考资料。然而，我在学习的过程中，也发现一些问题，比如：我看到了许多不尽如人意的文章，这些可能是出国留学机构，出于他们的经济效益，昧着良心，就采取了一些断章取义、报喜不报忧的做法，把小孩子的留学事宜吹捧上天，误导了许多一心一意甚至砸锅卖铁望子成龙的家长们。令人更加气愤的是其中有些文章甚至出自名家之手，为了博取大家的眼球，竟然避重就轻不分是非，把一些常识说得与事实不符，令人遗憾地辜负了家长们的信任。比如，有些人为证明自己所说的真实性，可谓是煞费苦心，不遗余力地列举了大量的访谈事例片，用以证明所言不虚。然而崇拜专家的一些家长却真的相信了，结果倒好，钱不仅花了很多，孩子还没有上好学。再比如，许多朋友说，美国家长为了培养小孩子的独立性，不给小孩子上大学的学费，就是为了更好地锻炼小孩子自立自强的能力。岂不知这只是一个非常牵强的借口，有些过于片面，其实这里面还有更多的其他因素，作者没有全部说出来。

我记得有一篇文章是这样写的：有个妇女和一位朋友讨论美国父母教育孩子的问题，说到孩子考上大学之后，家里不会为子女支付学费和生活费。这位朋友已为人父母，她很不理解美国父母为什么这么狠心？

而她以前的同事也曾经采访过一位三个孩子还在上小学的妈妈“特雷西（Tracy Repchuk）”。这位母亲表示不会为孩子上大学储蓄一分钱。采访的结果令人大跌眼镜。可是他们仍信誓旦旦地认为教育孩子最好的方式，就是树立自力更生的榜样。孩子的爸爸大卫更是信口雌黄地说：“我告诉孩子，如果他们想考上大学，这将是他们的责任，自己必须为它付出。”

事实果真如此吗？我觉得也不尽然，这可能只是一部分人的想法。当然，为了搞明白到底是怎么回事，首先，我们还是从问题的所在，美国的大学期间花销经费说起，然后再看一看美国家庭对于沉重的学费负担，究竟有什么应对之策，以便于更好地了解美国的教育现状。的确，美国同世界大多数地方不一样，上大学的开支很难预先算出来，因为影响开支大小的因素很多，取决于孩子进了什么学校、家庭收入和财产、资助的结构（奖学金还是贷款）、每年学费的涨幅以及孩子要几年才能毕业，等等。也可以毫不夸张地说，大学学费的支出可能超过买房成为普通的美国人最大的一笔开支，所以说预算是一定要做的。而作为家长来说，最不愿意发生的事情，莫过于孩子考上了心目中的理想大学，而鞭长莫及的家长却因为拿不出钱，而唉声叹气。因此，很多家长在他们的孩子进入高中之后，就至少做一次大学开支的估算，这样可以得到一个比较准确的参考答案，也免去了将来的许多后顾之忧。而影响大学开支的最大因素，就是进入私立学校还是公立学校。比如：伯克利是加州大学系统的旗舰分校，它在加州乃至全美国公立大学中都是有一定代表性的。伯克利分校 2012—2013 年度本州住校学生预期开支是 \$32631，包括学费：\$12830；住宿：\$14060；伙食：\$930；书本日用杂项：\$4811，这一数字适合于居住在本州的学生住校的费用。如果住在校外（二年级后大多数学生住校外）自己开伙可以省一些钱。如果是外州或外国学生，由于他们的家庭没有在加州纳税，就需要另加 \$22878。

通常私立学校的开支比公立学校更贵。某一常青藤盟校 2012—2013 年度的预测开支是 \$54780（这个数字私立名校中有代表性）。包括学费：\$38650，住宿：\$6950，伙食：\$5680，书本日用杂项：$3500，需要说明的是学生的实际开支可能比这个数字还高。因为有的学生离学校远，回家时需要坐飞机，以一年4—5次平均票价是$400计算，光车旅费一年就要再加$2000。所以基本上公立学校的开支是$30000—$35000，私立学校的开支在$55000—$60000。

家庭自付额（Expected Family Contribution，简称EFC）是用来衡量家庭财务实力的一个指数，它是根据一个依法律设立的公式计算的。家庭的收入、资产（如房产、股票、生意等）和福利（如失业或社会保障）都在公式的考虑之中。同时公式也考虑到父母亲年龄、家庭规模和家庭成员人数，年内将上大学或职业学校的人数等因素（如果有几个孩子同时在上大学可以减少EFC）。每年初，家长都要根据前一年的收入和资产情况填写联邦学生援助（FAFSA，即Free Application for Federal Student Aid）的表格。有孩子上私立学校的家长还要填写College Scholarship Service Profile的表格，Profile的表格比FAFSA更加详细，这些信息被用来计算你的EFC。学校使用EFC来确定学生是否合乎联邦学生援助标准以及财政援助的数量。

EFC 的计算有两种公式：联邦方法（FM，即 Federal Methodology）和学院方法（IM，即 Institutional Methodology）。这两种方法计算的结果可能接近，也可能差得很远，这取决于家庭财产情况。FM 是用来计算学生获得联邦资助，佩尔助学金（Pell Grants）和大多数州里资助的资格，它被大多数公立大学所采用。许多私立高校和奖学金计划则使用 IM 来确定申请学生的资格。

家庭自付额：顾名思义，就是预计你的家庭一年可以支付的这个数目的学费。比如说，孩子大学开支是 $35000，你家的 EFC 是 $20000，那你每年需要资助的部分就是 $35000 – $20000=$15000。大学会通过各种方法来帮你填补这 $15000 的差距。但如果你说我实际上连 $20000 块钱也出不起，那你就得自己想办法了。计算 EFC 的公式相当复杂，但网上有不少免费计算器（EFC calculator）。比如 College Board 计算器，它给出 IM 和 FM 的计算结果。家长可以用这个计算器来进行估算。

回过头来，我们再接着说一说美国大学花销的一些其他因素。以前，美国大学有奖学金和助学金之分。奖学金是奖给某一方面优秀的学生，而助学金是奖给家庭比较困难的学生（两种都是不用还的）。美国的基于成就奖学金，大多数学校都会提供，是否获得这种奖学金只取决于家庭条件，与学习成绩、才艺、体育表现等无关。助学金则同美国的基于需求奖学金类似。目前只有部分大学提供这类奖学金，其中包括：约翰霍普金斯大学、杜克大学、南加州大学、西北大学、芝加哥大学、圣路易斯的华盛顿大学等。而这一类奖学金的竞争更是异常激烈，学生通常需要写申请作文、提供推荐信等，才能额外申请这一类的奖学金。需要注意的是，所有常春藤盟校（八所）和斯坦福、麻省理工、加州理工只有基于需求奖学金，没有基于成就奖学金。

当学生被大学录取之后，会收到来自校方的资助信。通常的资助是根据 EFC 计算的。如前面的例子：大学开支是 $35000，你家的 EFC 是 $20000，那你每年需要资助的部分就是 $15000。这部分钱可能包括 $2500（勤工助学），$5000 University Grant（是不用还的），再加 $7500

Loan（贷款是要还的）。贷款也有很多种，有些是毕业之后才开始计息，有些是马上就开始计息，利息也差别很大。只有很少大学可以完全不需要用贷款来当作资助，大多数学校都要加入数目不等的贷款。不少大学经常会说，我们满足所有学生的财政需求。这话并没有错：学校帮你搞到贷款也算是满足学生的财政需求，只是这部分钱以后还要外加利息。所以，对于那些想留学美国的人来说这点一定要仔细了解。

一谈到学费，虽然每个人都在叫苦连天，但学费依旧年复一年地增长，一点也没有停止的迹象。在这种情况下，我们对大学的开支做一个比较准确的评估比什么都重要。而评估的要点是计算家庭自付额（EFC）。如果能支付全部的学费当然最好，退一步来说，家长至少应该存够支付四年 EFC 的钱（这部分钱大学认为家庭应该能支付的）。如果存的钱不够就要考虑一下后备方案，这时需要同孩子进行一次开诚布公的讨论。在美国，许多家长让小孩子贷款，负担一部分上学的开支，这毕竟是他自己的教育。这跟中国父母为孩子所做的巨大牺牲，砸锅卖铁供孩子上学不可取的做法形成鲜明的对比。

说一个看起来更像笑话的有趣事情，我想很多人都看过美国大片，其实从那里我们可以轻而易举地找到答案。在每部美国大片里，我们都可以看到他们自我的美化，一个热情奔放、和蔼可亲、坚强勇敢、宽容正直、有无比爱心的正义化身——地球的拯救者。虽然只是电影，可是现实生活中，他们又怎么会对小孩子的教育虎头蛇尾呢？在美国，许多富翁不提前给小孩子积蓄，还有一个重要的原因是小孩子上大学的时候需要填写个人财产，如果小孩子有过多的财产，他可能得不到学习的任何补助和减免好处，那么学校就会认为您有足够的支付能力，而不需要去帮助。

总之，在美国，只要小孩子想要上大学，学费的来源有很多种，可以通过贷款、服兵役、勤工俭学以及家长为他们购买教育基金（类似于国内的买保险，买的越早越便宜）等等方式来解决，这些都不是大问题。其实最大的问题是给自己的养老提前做规划，毕竟还没有谁肯借钱给您来养老的。最后真心希望我的拙作能够对国内家长们有所帮助。

## （8）对待子女的金钱观："精神支柱"还是"靠山"？

在美国，有些父母即使是有足够资金，也坚持不支付孩子的大学学费。他们认为如果孩子没有付出，不会真正了解教育的价值或是金钱的价值。其实这也是美国家长对孩子的一贯作风：不给钱，不骂人。自己需要什么，去努力，去创造，不干涉，经常会给孩子一些小的目标，让他们一个一个地去奋斗，去实现。如：买玩具、出去旅游，在家里或者勤工俭学什么的，自己挣的钱就由自己支配。而美国孩子从小就比较有经济头脑，大概也与此有关。美国父母可能不像中国父母那样对孩子安排得无微不至，他们更侧重让孩子健康乐观，能独立生存，并且有健康的人格、意志。他们不会煞费苦心地设计孩子的未来，更不会一意孤行地替孩子安排未来，而是注重孩子的自由发展，顺着孩子的天性培养他们，努力培养孩子适应各种环境的能力，以及能独立生存于社会的能力。说白了，美国父母不是孩子的靠山，而是他们的精神支柱。

当您看到这里的时候，可能会为美国人的冷酷无情感到惊讶或者坚持真理而赞叹不已，或者情不自禁地为他们的所作所为而鼓掌叫好。然而，我所知道的却不仅是这样。不管是衣食住行，还是孩子的教育，家长都会竭尽所能地布置好，其实比起国内家长对孩子的溺爱做法，那些美国家长也是有过之无不及。

大家都知道，许多美国人一生都不积蓄，他们以不做金钱的奴隶而自豪；他们认为钱就是用来花的，是用来享受的，应当做一个名副其实的金钱主人，甚至许多人没有钱，他们借钱也要享受生活，所以大部分美国人花起钱来都是大手大脚的。他们从不为明天而担心，一个有爱心的人，怎么会一反常态自顾自地享受人生，而对他们口口声声所钟爱的小天使弃之不顾呢？从他们为小孩子健康成长竭尽所能所做的一切，也可以看出来，这样不合情理，那答案一定另有隐情。

他们无须为孩子的教育而担心，因为美国是一个标榜人权平等的国家，从小学到高中，美国更是提倡有教无类的全民教育。他们的小孩子理所当然地需要政府来替他们买单，而无须他们操更多的心。即使有一天鸡窝里飞出金凤凰，他们的小孩子真的脱颖而出，那就更不需要他们操心了，要是没有钱，他们可以贷款，可以申请助学金，等等。

既然如此，穷也是好事，富也是好事，是不是夹在之间的中产阶级就会苦不堪言呢？事实的确如此。不过他们也不会坐以待毙，也会想法去解决问题；于是他们找到了这样一个法宝：不给孩子攒钱。了解美国的朋友们都知道，美国是一个养老保险机制比较健全的发达国家，每一个中产阶级都有一份种类不同的保险金。当他们驾鹤西归的时候，真正受益的人不是他们的儿女，而是他们的孙男甥女。自然，他们的父母不需要给孩子付出更多，他们只要准备着有朝一日给他们的子孙留下点好处就功德圆满了。还有，美国的家庭一般都有好几个小孩子，这不仅仅是他们喜欢孩子的缘故，还有一个更加实惠的好处，那就是孩子多了，同样可以享受减免沉重的苛捐杂税。而且无论您的家庭生活如何贫穷，在小孩子 18 岁以前，医疗保险都是政府买单，所以无须顾虑生病去医院的问题，等等，这对于中产阶级无疑是喜从天降。再如，一个单身人的收入 1000 元，税率为 10%，税后为 900 元。而收入 2000 元，税率为 20%，税后为 1600 元。如果收入 3000 元，税率 30%，税后为 2100 元。从其中您可以看出，赚到的多，并不一定拿到手里的多出很多，这个时候，换成您又会如何想呢？相反，如果是一个三口之家，同样是 3000 元，因为人员的增加税率相反减少，可能只有 10% 了。以此类推，如果是四口之家同样是 3000 元，可能政府还要倒贴补助您呢，谁轻谁重一目了然。所以很多人心照不宣地多生孩子，或者干脆善心大发，到处去领养小孩子（当然，绝大部分的人是宅心仁厚的大好人，另当别论。他们一心向善，往往不辞辛苦收养一些残疾儿童，令人肃然起敬）。还有，从另一个角度来说，美国是一个法律比较完善的国家。没有一个人敢大言不惭地说：我可以在美国真正地偷税漏税。即使像许多同胞企业，他们也会使用一些非法移民来逃税偷税，不过也没有办法能够完全避开交税的，比如，生活中你买的任何一样东西都要带着税收，所以说聪明的中产阶级必须找到合法的避税之策。

另外，还有一个很关键的省钱方法，孩子要连在一起生才好，这样的花销才不会很大，国家补贴的也会更多。这也是许多美国家长不留钱的真正原因。毕竟这是一笔不菲的数目！由此看来，盲目地把一个国家的生活习惯或者可能是陋习缺点、花言巧语说成是优点和美德，是一个不负责任、误人误己的行径，不利于我们更好地教育小孩子。有鉴于此，奉劝那些一知半解的专家们，最好能够谨言慎行，不要害人害己。也提醒那些不明所以、头脑发热、喜欢盲目崇拜的家长们，切莫把有些伪专家的虚情假意看作是可遇不可求的敲门砖。一定要头脑清醒地看清是非曲直，知道事

情原委，否则事与愿违，到时候追悔莫及。

在有些文章中，还引用了来路不明、自相矛盾的资料：“在美国，38%的年轻人，没有从父母那里得到财务支持，而年龄 19 岁至 22 岁的年轻人只有 35% 得到学费资助。”当然也不排除不少美国父母没有足够的钱支付孩子学费。我不能说美国的教育都好，都成功，但是，他们教育孩子从小就从事的送报等劳动，本身就是一种吃苦精神的磨炼。在寒冷的冬天，当中国的同龄孩子还在热被窝里熟睡时，西方孩子早已起来挨家挨户去送报了。这在娇惯子女的中国家长看来可能有些“残忍”，而正是这些看似残忍的教育方式，让美国的小孩，从小就有超强的适应能力，长大之后，他们懂得如何照顾自己，让自己生活得更好。相比之下，中国的父母就显得过于“温情”了。我想说，造成这种不同家庭教育观念的根源，其实是子女的归属问题：即孩子是属于他们自己还是属于父母。在中国，孩子就像是父母的私有财产，一切得听父母的；在美国，子女是独立的个体，他们属于自己，也属于社会，他们有自己的喜好、选择、隐私、交际圈。所以父母不能打孩子，因为父母不是孩子的主宰，孩子的问题不是父母说了就算。由此而来就引出了另一个问题，父母对子女的责任。在中国，父母对子女照顾是无限的，从小到大都要包养，家长会帮孩子把一切都料理好。当父母在做这一切的时候，他们心甘情愿，牺牲非常大。在美国，父母不会把孩子的事情全部包下来，反而孩子还必须承担一些家务劳动。很多孩子吃喝玩乐、学习的费用，都是自己打工（在学校、在社会）挣来的，也可以在家里干活，父母给记工钱。这看似很“狠心”，其实却能让孩子懂得一分耕耘一分收获这个道理。

我也不得不说：这看起来洋洋洒洒的长篇大论，其实也不都是真实的。国内的情况自不必说，但就美国而言，也是很片面的。我在美国也生活了十几年，实话实说，还没有看过有几个小孩子冒着寒风去送报纸的，再说有多少报纸需要小孩子来送？那些大人都干什么去了？我所看到的就亲情而言，美国的家长和中国的是一模一样的，有好东西不给自己的小孩子还会送给别人吗？人心都是肉长的，天底下哪一个父母不心疼、宠爱自己的孩子呢？那些我们常常听说的贵族教育、精英教育难道都是自生自灭式的无师自通吗？都是漠不关心之下的结果吗？再如，我也同样在没有调查研究的情况下对外星人说：在中国小孩子的自立能力非常强，有40%的小孩子上大学的费用是不需要依靠父母的。究竟如何自圆其说，其中的理由您懂得。像这样道听途说，想当然信口开河的文章，可以说在国内的教育论坛并不少见，真心希望朋友们不要盲目地听从。

## (9) 在美国高校录取中，SAT之外的材料很重要

和中国的高考成绩一样，SAT考试成绩在美国也是高校录取的一个重要标准，不过它又与中国的高考有所不同，美国的SAT考试成绩却不是高校录取的唯一标准。2009年，小女幸运地以全奖进入了哈佛大学读书，并在一年级的暑假实习中，如愿以偿地申请到了哈佛大学招生办的文件整理工作；这样能更加全面地学习、了解进入常春藤大学的奥妙，借此与朋友们分享心得体会。

在美国则有所不同，各高校录取没有统一的标准，各个标准都是各高校根据自己的办学理念和实践以及社会需要自行制定的。如果考察一下美国每所高校的录取标准，我们发现，除了SAT考试成绩以外，美国的高校录取还有很多标准，而且这些标准既不能用走过场的方式应付，也不会留给人投机取巧的机会。以下就是美国几所著名高校在录取新生时的标准。

哈佛（Harvard），常春藤盟校：申请表，高中学校报告，哈佛附加表，SATI或ACT成绩，SATII成绩，两封老师推荐信，面试。（外国学生还需要TOEFL成绩。）

斯坦福大学（Stanford），著名综合性大学：申请表，斯坦福附加表，

ACT 或者 SATI 成绩，建议有大学预修课程（AP）或国际文凭组织（IB）考试成绩（此项成绩并不必需），TOEFL 成绩（外国学生），高中学校报告及成绩单，老师推荐信。

麻省理工学院（MIT），著名工程大学：个人信息表（包括父母信息及相关专业信息，类似其他学校的申请表），学生入学论文、课外活动及学习状况，数学或科学老师推荐信，人文、社会科学、语言老师推荐信，高中学校报告（包括成绩单），SATI 或 ACT 或 TOEFL，SATII 成绩，面试。

加州大学伯克利分校（UC Berkeley），著名公立大学：申请表，SATI 或 ACT，SATII 成绩，TOEFL 成绩（外国学生），个人入学论文，高中成绩。

弗吉尼亚州大学（UVA），著名公立大学：申请表，SATI 或 ACT 成绩（申请奖学金者必须提交该成绩），以往就读学校的报告及成绩单。

皮埃蒙特社区大学（piedmontVA Community College）：对 18 岁或 18 岁以上的成人开放，具体课程要根据修课前对学生的阅读、写作或数学水平测试而定，学生也可以用 SATI 或 ACT 成绩替代水平测试。在读高中生通过具体项目也可选修该校课程。

从以上的罗列中，不难看出，除了 SAT 的成绩外，美国的高校录取还要看很多因素，比如高中成绩、高中老师的推荐信，以及学生的特长、兴趣及对自我的评价，族籍，等等。另外，学校声望越高，对 SAT 以外的要求就越多、越具体。

在中国人的印象里，觉得推荐信应该没有什么，只不过是走走过场而已。不过当你来到美国后，就会发现走过场的情况少之又少，你想要走走后门，那更是难于上青天。其实，同国人相比，美国人更看重推荐信的分量，因为推荐信是要有很好信誉的人士或者单位向其他人做推荐和担保。在这里面就涉及了一个诚信问题。在美国，诚信比生命更重要，常听朋友们说，钱没有了可以从头再来，而诚信没有了却很难咸鱼翻身、东山再起。比如说，如果你这一次言而无信，那么以后你丢掉的不仅仅是面子，还是信誉保证。你没有信誉了，谁也不敢再跟你打交道了，所以很少有人自找麻烦。

由于推荐信举足轻重，很多机构，比如哈佛大学，就要求所有教师的推荐信对被推荐人都是保密的，每个被推荐人在请老师写推荐信时都要签一个文件，接受这种保密性。鉴于推荐信的保密性，被推荐人一定要确定写信人对你有足够的好感。如果是一个对您了解有限，甚至没有好感的人主动提出要为您写推荐信，并不见得是一件好事，因为有可能弄巧成拙。不过，绝大多数的美国人，他们对不了解或者不欣赏的人产生疑虑时，就会直言相告拒绝写推荐信。

从以上不难看出，每所大学都要求申请人递交高中时的在校成绩，甚至有的高校直接把学生的高中成绩单也一并视为高校申请时最重要的材料之一。学生把自己申请学校的名称也要通知自己的学校，然后由学校负责把需要的成绩单直接寄到申请的高校去。在上面，会列出学生所选课程及每门课程的最后成绩。当然成绩越高，被录取的机会就越大；如果你的成绩最初不是很好，但成绩单上却显示出不断提高，也会有被录取的机会。相反成绩由高至低，就会带来负面作用。

不过，仅凭成绩好还不行，高校查阅学生的成绩单时，也看重一种被称之为“日程强度（strength of schedule）”的因素，学生要避免成绩单上有极明显的“擦边（coasting）现象”，也就是说，学生的成绩单上至少要有几门看起来有点挑战性的课程和日程安排，比如，在最后一年里，你不能只有体育、保健、艺术和三节自修的课程，应该尽可能预修一些大学课程，这样你才会脱颖而出。就拿我女儿来说吧，高中期间她参加了七个社团活动，并担任了其中四个社团的主席，还加入了一个本市著名的乐团，一度担任首席小提琴手。尽管如此，她还抽空预修了 17 门大学的课程。

除了成绩单，很多高校也要求申请者提供高中报告。高校通常会给学生一张高中报告表格，报告表格一般由学生在校期间的一个辅导老师来填写，然后由学校直接寄给大学。报告表格的主要内容，有的是在申请表中就已经出现的一些信息，包括学生在高中时的平均成绩（GPA）、所学课程的班级水平（普通班或精英班或 AP 班）及学生是否受过纪律处分等；还有一些其他信息，如这个报告会询问辅导老师关于学生“日程强度”的看法以及对学生的学习、课外活动及个人性格的主观看法，有的表格还给辅导老师提供一个全面评价学生的机会，如果辅导老师不太了解学生，他们会跟班级老师们交流，以更加全面地了解一个学生的优缺点。在全面评价学生一栏，很多辅导老师会写一大堆像标准答案一样的回复。

很多高校都要求申请者提供最后一年期中和期末报告，这样做，是因为美国学生申请高校时，通常都在最后一个学年的秋季，这个时候，这一学年的成绩还没出来。大学不希望学生在递交申请或被录取后，就不再努力学习了。这样，最后一学年的期中和期末报告便起到了督促学生继续努力学习的作用。当然，这份报告也是由学校直接寄往所申请的高校。如果学生最后一年的期中和期末报告比以往的成绩单成绩有所下降，即使被录取了，学生在大学一年级也可能受到学术警告（academic probation），严重的可能导致录取资格被取消。

在一些大学里，他们还有自己的附加信息，以哈佛为例，有基本个人信息、联系方式等，还有很多与个人兴趣、特长和理想相关的问题，比如：

1）在哈佛列出的各项活动中，你目前对哪两项最感兴趣。包括社会的、政治的、种族的、音乐的、体育的、行政的、新闻的等等。

2）大学期间，你最有可能选择学习什么领域，具体讲七大类，包括社会科学，如经济、法律、教育；人文，如文史哲；数学；生物；工程；物理；计算机等。

3）大学期间你会改变学习计划吗？比如从理科转到文科等。你的课外活动会有变化吗？你将来的职业会有变化吗？

4）如果你最感兴趣的是运动，你将来想要参加什么水平的运动：大学校际的或是俱乐部 / 区域性 / 娱乐性的？

5）描述你曾经生活过的国家或地区。

6）可选择的信息：【a】最能表现你的天分或特长的作品：CD 或参加一些科研项目。【b】附加作文：如果你认为所有申请表格中，没有充分展示出自己的全部才艺，可以利用这个机会来展示自己。你可写自己成长过程中与众不同的生活环境，或在其他国家生活、旅游的经历，或给自己未来的重要朋友写封信，或者认为对自己最重要的一次求知经历，比如一次讨论、一篇论文、一个项目、一本书、一个科研的题目等，或者在今后实践中你希望如何运用你所掌握的大学知识……总之，要能够充分展现自我，表现对价值观的正确认识，这样才能吸引招生办老师的眼球。

简而言之，与中国一锤定音式的高考录取相比，美国的高校在录取学生时，除了学业成绩以外，更希望能从各个角度了解申请者；每一个方面，都似乎在衡量申请者是否具有持之以恒、德才兼备的素质和信心，这样或多或少可以避免学生形成一种一举成名的侥幸心理，使学生更专注于脚踏实地的学习和生活，有助于学生培养不急不躁的学习和生活习惯。

## (10) 大学游是选择心仪高校的途径

对在美国长大的孩子来说，大学游（College Tour）是一个成人礼（Rite of Passage）的方式。从目前的趋势来看，大学游的年龄越来越小。当然，家长们也乐此不疲，一方面是为了孩子，另一方面似乎也是在圆自己的梦想。这在国内可是不多见的，在美国则不同，全美的大学就有三千多所可以供莘莘学子挑选，而且申请的数量也没有限制。实际上，人们的精力是有限的，通常申请 10 到 15 所就可以了，这样能有个比较。

与国内一样，美国也有许多人根据排名来决定申请哪所大学。实际上，这种方法有很大的缺陷，每所大学都有自己的个性和特点，而不同的大学适合不同的学生。所以，大学游就给那些中学生和他们的家长提供了一个近距离接触学校的机会。学生的目标是申请那些与自己在 Academic 和 Social 方面都吻合的大学；就像是相亲一样，找到最适合自己的，而不是仅仅找到最好的。

大学游一般有两种：Campus Tour 和 Information Session。这和自己到大学里溜达一圈不是一回事。很多大学都会有学生带领参观者到处参观（Campus Tour），导游会介绍学校的历史，趣闻轶事，社团活动，学校的硬件设施等。Campus Tour 的时候，如果人员比较少的话，可以向导游多提一些问题，比如校园生活是什么样子，是否安全，有什么样的学生组织（兄弟会/姐妹会），他们为什么会挑选这个学校等等。但不能够询问他 SAT 考多少或拿到多少资助（that is rude）等问题。如果孩子准备报考的专业比较冷门，一定要问清楚这个学校有没有这个系或专业。Information Session 则是学校招生办（Admission Office）举行的一个讲座，偏重于介绍学校在录取方面的一些问题。参观和讲座的目的都是向你推销这所学校，但侧重点不同。如果可能，两者都应参加。

然而，许多朋友在大学游中常常是疲于奔命地走马观花，没有留下深刻的印象，所以一定要把节奏放慢，这样你才能了解这个学校的学生生活是什么样的，同你的孩子是否相配（Compatible）。如果能在学校里听一堂课，千万不要放弃这样的机会。在看学校的时候不要只看校园内部，周围环境也要看看，最好体验一下。比如，在学校附近吃上一顿饭，最好能够在附近住一个晚上。因为有些学校的周围环境实在不敢恭维。当然，去学校参观也要挑个好时机，学生 11 年级过于繁忙，基本上没有时间去参观学校，9 和 10 年级的夏天算是最佳时机。不过也有人选择在 12 年级大学录取之后再去参观学校，这是较为省钱的一种方法。当然，看的学校多了，信息很容易混淆。所以带个笔记本，拍张照片，然后把自己的印象写下来，这对以后作决定时会有帮助。

在美国，许多华人大多会去参观常春藤盟校和本州的公立学校。其实还有一类文理学院（Liberal Art Colleges），较少为华人所知。比如，加州的波莫纳（Pomona），麻省的威廉姆斯学院，Amherst，女校中的威尔士利（Wellesley）等都很值得一看。如果你的孩子申请工程类的则有另外一组学校供参考，像麻省理工大学，加州理工学院，加州伯克利，卡耐基－梅隆大学（Carnegie Mellon），UIUC，Harvey Mudd 等。

每看完一所学校时，家长就要跟孩子进行沟通，让孩子了解父母的观点，同时也知道孩子的意见，最好能达成共识。如果达不成共识，家长也不要干预孩子的决定，因为毕竟孩子知道自己想上什么样的大学。

## （11）何时留学之我见

一般人看来，出国留学是他们梦寐以求的理想，然而任何事情都有两面性，在看似风风光光留学的背后，也有许多不为人知的故事。对于国际学生来说，由于不能就读美国公立学校，私立中学就成为留学生进入美国学习的首选。美国的私立中学又分为走读和寄宿两大类。寄宿学校直接充当学生的监护人，除提供全日制教育以外，还提供学生的住宿和生活管理。走读学校只提供全日制教育和课外活动，但不提供食宿和生活管理，学生一般选择住在当地的寄宿家庭。相对于美国公立中学，私立学校一般规模较小，师生比率低，因而教育品质更高。同时美国私立中学注重学术创新，鼓励学生接触新鲜事物，学校力求为学生创造一个安全、创

新、活跃、有趣、多元化的环境。

在美国，人们都愿意选择寄宿制学校，大部分国际学生也喜欢就读私立寄宿高中，他们选择寄宿中学原因主要有两点：第一，管理非常严格，对于自理能力和自控能力比较差的学生，能够得到比较多的管理和照顾，无论在学业上还是生活上都比较顺利；第二，因为中学生是未成年人，学校直接充当学生的监护人并提供所有的学习和生活管理，无须在学校当地安排寄宿家庭和监护人及其他的后续管理。从费用上说，寄宿中学收费高昂，每年大概 3 万到 5 万美元。美国只有三百多所寄宿中学，通常被人称为贵族学校。

在美国，走读学校遍布全国各个社区，也有很多人选择走读学校。主要是因为：第一，学校遍布各地，选择比较多而且品质好的也很多；第二，走读和寄宿家庭的组合方式可令学生尽快提高英语并融入学校和美国社会；第三，学生拥有比较灵活的时间安排，在课外活动上有比较好的发展；第四，费用比较低廉，比寄宿学校平均低 1 万—2 万美元；第五，暑假期间安排比较灵活，可以继续留住当地家庭，在这一点，寄宿学校暑期和重大节假日封校，学生必须另外做出安排。在其他因素上，走读学生需要做的就是寻找合适的寄宿家庭和监护人。

另外，还有多种选择可供学生参考：

（1）选择男女同校的学校 / 单纯的男校女校。

单一性别学校和男女同校没有本质区别，仅仅针对男性或女性的社会认知，进行一些性格塑造培养的课程，或者仅仅是因为家长“求得放心”的因素。比如您儿子如果进入男校，并不意味着远离女生，学校每周都会安排和临近女校的联欢活动。

（2）选择有 ESL 课程学校 / 无 ESL 课程学校。

ESL 课程——非母语英语课程，目的是对英语能力不足者提供英语速成培训，为学生进入正式的专业课学习做准备。这类课程集中锻炼学生的听说和写作能力以及让学生了解美国文化和社会生活。如果学生能提供英语水准或高中入学考试成绩，比如 TOEFL 或 SSAT 等分数优异，就无须参加此类课程。

（3）选择东部 / 中部 / 西部地区。

美国的东部（新英格兰地区），在波士顿、费城、华盛顿这些更具有欧洲文化色彩的地方，是寄宿学校比较集中的地区。因为这些地方是欧洲最早的殖民地。西部地区，洛杉矶、圣弗朗西斯科，这些地区往往亚裔的比例比较大，有一些学校亚裔能占到一半多，多元文化的色彩会重一些。中部往往兼而有之，欧洲的文化色彩比较弱一些，民风质朴。

美国的高等教育著称于世，拥有世界上最多的大学和最著名的大学。仅四年制的大学就有四千多所，社区学院则多达两千多所。其中，常春藤联盟是被世人青睐的最高学府。常春藤联盟由美国东北部的布朗大学（Brown）、哥伦比亚大学（Columbia）、康奈尔大学（Cornell）、达特茅斯学院（Dartmouth）、哈佛大学（Harvard）、宾州大学（Pennsylvania）、普林斯顿大学（Princeton）及耶鲁大学（Yale）这八所大学组成，它们都是公认的世界一流大学。当然，它们历史悠久，治学严谨，学术声誉高，学生品质好，因此常春藤大学又时常作为顶尖名校的代名词。

其实，在常春藤联盟之外，美国还有一些非常优秀的私立综合性大学（Georgetown University）：加州理工学院、麻省理工学院、斯坦福大学、芝加哥大学、乔治城大学、杜克大学、圣路易斯的华盛顿大学、卡内基－梅隆大学、约翰霍普金斯大学、西北大学、纽约大学、塔夫茨大学、圣母大学和莱斯大学等。除此以外，美国的公立大学中也有许多实力很强的大学，比如：弗吉尼亚大学、加州大学伯克利分校、加州大学洛杉矶分校、伊利诺大学香槟分校、密西根大学安娜堡分校、北卡大学教堂山分校和威斯康星大学麦迪森分校等。这些大学在学术声誉、教学品质和学生品质上都可以与常春藤院校相媲美，某些方面实际上甚至超过了那些常春藤院校。

此外，一些富裕的美国家庭也经常把子女送到文理学院（Amherst College）就读，这些学校入学要求高，但教育质量很高，由教授亲自教学。这些文理学院有：艾姆赫斯特学院、贝茨学院、鲍登学院、卡尔顿学院、克莱蒙麦肯纳学院、柯尔比学院、哈威玛德学院、哈福德学院、明德学院、帕莫纳学院、斯瓦士模学院、三一学院、华盛顿李学院、卫斯利学院和威廉姆斯学院等。

美国的权威机构，每年都会对美国的大学进行评比，按照综合性大学、文理学院、地区性大学以及专业方向等做出不同的排名。不过不管怎么排名，在前 200 名的综合性大学都是品质相当不错的学校，它们也大都是世界的优秀大学。

所以，在选择学校时，你要首先衡量自己的各方面条件、专业爱好和职业生涯发展，其次考虑学校的综合实力和专业排名、校友实力和评价、地理位置、学费和奖学金、毕业率和就业机会等。这样一来，你的选择才会更加符合实际需要。

孩子什么时候来美国留学比较合适？我个人认为最佳的留学时期有两个：

（1）在孩子刚会说话的时候，这时候家长可以把小孩送到美国，接受美国文化的熏陶，和美国小孩子站在同一条起跑线上，那样，不管在语言上，还是在其他方面上，他们都不会输给本土的小孩子。不过这就需要家长付出一些牺牲和努力。

（2）大学毕业后来美国读研究生，这个时候，他们无论是思想上和行为上都已经成熟，能够从容不迫地应付各种不同问题，也可以很好地完成学业和照顾自己，能够让家人放心。再加上，他们在国内已经接受过高等教育，所以留学对他们来说意味着更进一步的学习，可以增长见识，拓宽知识面，也为以后的成功打下坚实的基础。

就正处于中学时期的孩子来说，我自己并不是很赞同在这一阶段到美国留学。因为这一时期的小孩子正处于青春期，思想变化很大，容易头脑发热，欠缺耐性和抗压能力，不能够把握好是是非非，再加上远在万里的家长也不好办，如果说万一出现什么过失，那不是事与愿违了？还有一点就是这个年龄段的孩子，尽管他们在国内各个方面比较优秀，然而来美国之后，他们还是需要在短时间内补习看起来很普通，但又迫在眉睫的课程，对孩子来说这样的学习基本上是从头再来。等渐渐适应美国的留学生活以后，想要考一个好大学，又是一波三折，难上加难，原因很简单，还是输在起跑线上。留学本来是一件慎重的事情，最后却成为观光旅游，学习没有达到目标，当然如果有的家长满怀信心，能够找到值得信任，又对孩子负责的学校和监护人，提前留学也未必是一件坏事。而对于那些即将上大学而选择出国留学的同学来说，应当量体裁衣，随遇而安，万万不可强求。当然也并不是说没有孩子能够通过这种磨难，不过只有少数才华横溢的孩子，能够不负所望进入理想的常春藤名校。

总之，留学本身并不是坏事，它是为了你的孩子的发展，能够拓宽孩子的求知视野，增强孩子自身能力。即使这样，家长们也不可随波逐流，更不能固步自封，应该审时度势，量力而行，这样才会达到预期的目的。

# 第二辑
# 孩子是父母最棒的作品

教育孩子也是对我们自身修养的检验，更是一个对自己反思的过程。因此，智慧的家长喜欢思考，聪明的家长喜欢聆听，他们通过改变自己与孩子的交流方式来发现孩子的兴趣所在，进而趁热打铁、因势利导，让孩子在自己喜欢的轨道上开足马力、奋勇前进。实际上，这也是我们每一位家长的共同心声。

## (1)父母要深入孩子的内心世界

对父母来说，孩子的教育是他们的一门功课。当然，要教育好孩子，首先是我们要知道小孩子内心想的是什么，这样才能够游刃有余、应对自如。怎么样才能知道孩子心里想什么呢？具体要从以下几点做起。

第一，和孩子交朋友，了解孩子的内心世界。

我们知道，有些小孩子不喜欢大人，那这些小孩子为什么会这样呢？实际上，那些大人会让他们感到压抑，让孩子觉得没有共同的话题，所以孩子才不会接近他们。既然这样，那么我们做父母的就要懂得孩子的想法，去接近他们，与他们打成一片，让他们喜欢我们，以至于无话不谈，这样我们才能够了解孩子的内心世界，更好地与孩子交流沟通，让孩子真正地听父母的话。这一点至关重要，是掌控小孩子的关键所在。

第二，赏罚分明，鼓励为主，不打压孩子的积极性。

当孩子做错事，或令人很不满意的时候，作为父母，首先要站在孩子的立场，去分析一下问题的原因，千万不要因为一点小的事情，就大声抱怨、大加责备，说“太笨”“不听话”等等一些无助于解决问题的话，损伤孩子的自尊心。长此以往，就会使孩子感情压抑，让他们自暴自弃，甚至导致其产生一些可怕的抑郁症、自闭症等等。要是到了那个时候，父母后悔都来不及。其实，他们和我们一样都有很强的自尊心。喜欢听到来自老师、父母、小朋友的夸奖。喜欢把事情做对，做一个好孩子。

所以，作为家长，我们从来不要低估小孩子积极向上的热情，即使小孩子做错事情，也不要立即发表自己的看法，要多多倾听孩子的想法。然后耐心给孩子讲解什么是对的，什么是不好的，使孩子能够真正明白道理、快乐地接受教育，不要让孩子带着疑虑和阴影去做事情。另外，当孩子做对事情的时候，一定要及时鼓励夸奖。要常说你很能干，非常了不起。这样才能激发孩子的积极性，千万不要讲你不行、别人比你强等打击孩子自尊心的话。

第三，因势利导，循序渐进。

当你真正了解了自己的孩子，并最终和他交上好朋友之后，要多赞美他的长处，多陪他。这样有利于掌握他的思想动态，进而鼓励他去做一些他不大喜欢的事情。比如，为什么不喜欢上学？是不是有人欺负他？是不是老师讲的枯燥乏味？是不是自己尝试了几次仍然做不好，没有信心了？还是其他原因？总之，要对症下药。

第四，树立父母在孩子心目中的崇高形象。

圣贤说：养不教，父之过；教不严，师之惰。其实说的都是为人父母。因为父母是孩子的第一个老师。所谓正人先正己，言传身教对孩子的将来影响非常大！要在孩子面前树立自己的高大形象，能够让孩子崇拜你，当然不要过分地“高大”，那样孩子对你可能会产生怕的感觉，也不要过分地娇宠，这样孩子又可能会失去管束的力度。古人云：棒打出孝子，慈母多败儿。对这点，我并不完全赞成。因为在现实生活中，我们看到，打出来的并不见得是孝子，宠爱的没有那么不好。凡事一定要去仔细分析，真正懂得其中的道理，掌握得体，赏罚分明才是最好的方法。

第五，孩子的教育不能过急，欲速则不达。

教育从娃娃抓起。如何从娃娃开始呢？我认为五岁以前是从思想教育开始，让孩子学习一些待人接物，积极向上的良好品行也就足够了。没有必要让他们进行文化学习，因为孩子太小，他们需要有更多的时间去玩耍，再说在玩耍中也能学到新知识。我女儿小时候参加过很多课外学习，像跆拳道、跳舞之类的。开始的时候，我们也是随大流，看着别人都报名了，我们也就替女儿报名，可参加不久，女儿都感到厌倦了，所以就没有继续下去。这时候，我也看出孩子在这方面可能没有天赋，也没有逼迫她继续学习，其实我所要求的就是她能够在玩的过程中学到感兴趣的东西，尽量成为一技之长。而我的儿子更是离谱，三岁半的时候，他还在吃奶，五岁时才上学，去的也是好玩的学校。他在那里慢慢地适应新环境，也结识了许多新朋友。之后他更加喜欢玩耍，也更加热爱生活，记得儿子每天去上学时都要背着一个大书包，里面没有一本书，都是玩具和小食品，一点压力也没有。其实，刚开始的时候，儿子也并不喜欢去，后来朋友多了，再加上我搞一些层出不穷的花样鼓励他去上学，慢慢地，他就非常喜欢去学校了！到六岁时，儿子上了学前班，他还是边学边玩，还总得到老师的表扬！到七岁时，儿子上了一年级，玩的时间也没有少，学的知识也多了点，并且兴趣很浓厚，已经适应学校的课程和环境。如果他一开始就不喜欢学校，做家长的也没有很好地引导他去学校，试想以后孩子会怎样呢?

第六，因材施教，不盲目崇尚小天才教育。

在美国，我有许多朋友，他们曾求学于中国最著名的大学，他们大多都从事教育事业。我曾问他们，你们最关心小孩子的是什么?他们的回答几乎都一致：孩子的健康成长，幸福快乐。在他们中间，没有人希望他们的孩子成为小天才，因为他们都知道这是一个奢望，更是对孩子幼小心灵的一种摧残。相反，他们希望看到的是那些天真无邪的笑脸，而不愿看到一个老气横秋的小老人。其实，大家都知道，天才靠勤奋，成功是需要加倍的刻苦努力才能达到的。他们不愿让还处在玩耍年龄的小孩子去完成父母自己都不能完成的事情，这样做是对孩子的一种摧残。实际上，我们需要的是因势利导，顺其自然，让孩子在自由自在的生活中长大，这才是孩子健康成长的重要法宝。就我来说，在教育女儿的时候，我并没有好高骛远地让女儿做一些超出年龄的事情，也没有幻想女儿会成为天才，而只是盼望孩子将来身体健康，每天笑口常开，做一个堂堂正正的好人，一个对社会有用的普通人就行了。

第七，学习环境很重要。

一个人的成长环境对其将来的发展有着至关重要的影响，这对于小孩子来说尤为重要。我们经常看到，有一些父母为了给孩子创造一个良好的学习环境，不惜花重金把孩子送到一个比较有名的学府，希望孩子今后能够出类拔萃。然而，有的孩子不负所望，能让父母的理想成真；有的孩子却让父母大失所望。其实，仔细分析一下原因，我们就能看出，那些辜负父母的孩子并不是不努力，而是存在着一些不好的环境因素。比如，相互攀比。攀比谁家有钱，谁吃得好，住得好，穿得好，玩得好。再加上小孩子这时候的世界观还没有正确地树立，抵御不住物欲世界的诱惑，心思不一定放在学习上，结果造成了学生的学习不尽如人意。相反有一些名不见经传的学校却培养出了大批优秀人才，这是为什么呢?

原因不外乎是这些孩子思想单纯，有足够的学习兴趣，懂得为什么要好好学习。事实也证明，只要学校的环境不错，孩子的品德比较好，那样孩子成才的概率就大得多。我的不少朋友他们大多也来自农村，而我的女儿也是从来没有念过昂贵的私立学校，甚至连一些课外补习也没有参加，不过懂事的她从小就养成了见贤思齐的美德，远离一些不好的环境。所以说父母一定要重视孩子的学习环境，不要让环境毁了孩子的一生。

第八，加强同学校的沟通，孩子最听老师的话。

没有人会反对“小孩子最听老师的了”这句话。有的孩子在父母面前、在家里顽劣不羁，但是一到学校、在老师的面前却变得非常守纪律、懂礼貌，这让不少家长大跌眼镜。这是怎么回事？其实这是因为父母不知道如何正确地教导孩子，一般的家长平时在孩子面前没有谨言慎行，时间一长，孩子就熟悉了父母的一言一行，知道自己做出什么样的事情，可预知什么样的结果，这样一来，父母就慢慢丧失家庭教育的主导地位。而在学校，孩子还处于支配地位，老师占据主导地位。比如，同样的一件事情，父母说出，孩子可能无动于衷，甚至消极抵触；老师说出，孩子的积极性就会空前高涨，想尽一切办法去做老师说的事情，甚至不惜动用自己的朋友同学。所以，作为家长，要有耐心去引导，必要时要鼓励，来慢慢矫正孩子的不良习惯，从而使得孩子积极向上、吃苦耐劳，并对学习新知识有非常高的求知欲望。

## （2）不要让孩子承受太大压力

有一位朋友给我留言，说她家的小孩子，只有五岁，可晚上却要写老师布置的 200 个拼音，要求家长督促，还要签名。儿子不愿意写，她就逼着写，因为自己也曾是父母逼出来的，可现在她看着儿子泪眼汪汪的样子，自己却很纠结，不知道如何是好。

针对这个问题，我也想说一说自己粗浅的认识。她的父母当然希望子女能够上好学、读好书，将来可以光宗耀祖，所以，在这个大目标下，她的父母采用了一些极端的手段教育她，而不是从思想观念上去改变她。现在她仍然在用那一套教育孩子，这样岂不是穿新鞋走老路吗？再进一步

想，为什么她当年不喜欢读书，我觉得是怕了，为什么怕了呢？是因为承受了来自父母、学校、老师的巨大压力。当年她父母的那种教育方式让她感觉都是压力、目标，没有一点自己喜欢的（即使是喜欢的，也是已经变味了的），对学习失去了兴趣，这是一件很可怕的事情。试想一下她对学习没有兴趣，对其他的事情有没有兴趣呢？回答是肯定的，有。

兴趣的动力来自哪里呢？是喜欢，是没有压力的喜欢。从认识到喜欢再到沉迷，这是一个循序渐进的过程，比如玩游戏机也是如此吧。再如：让你去做一件你没有兴趣的事情，或者说非常讨厌的事情，以成年的你会做好吗？何况是一个只有五岁的小宝贝。

一个只有五岁的孩子，无论是从哪方面绝对无法同成人相比，可是他们所受的压力却远远超过我们，这样对孩子实行教育难道不是一种摧残吗？要是这样，这种望子成龙的爱不要也罢。一个正常的小孩子，要的是活泼可爱，多一些玩耍，从玩耍中学习，在学习中玩耍。这样，小孩子自然会建立起浓厚的求知欲望，这是从书本上学不到的知识！当孩子有了自信，任何事情都会迎刃而解。反之如果一个人没有了自信，他又能做成什么样的事情？因此，我认为过早地给孩子施加压力，就是在打击孩子的自信心，是在扼杀孩子的积极性。

我的太爷爷曾做过秀才，爷爷奶奶却从来没念过书；爷爷晚年得子，视若掌上明珠，培育出我的父亲——一个58届东北工学院（现为东北大学）全奖优秀毕业生。我爸爸也一心望子成龙，结果却事与愿违，因为我也不喜欢在高压政策下好好学习，认真读书，最后选择了逃避。我参加工作以后，觉得不用再学习了，压力应该也少了许多，可这个时候我却蓦然间醒悟，深深感觉“书到用时方恨少”的至理名言。所以在教育我的孩子时，我彻底改变了父亲的教育方式。结果，女儿非常优秀，儿子也不甘人后，学习热情干劲十足。讲了这么多，我不是炫耀我有多牛，而是想说我们做父母的是不是应该换一种思考方式去教育孩子。如果可能的话，我们应该多看一些有关儿童心理学方面的书籍，以了解孩子们的内心世界，看一看孩子们究竟需要什么！设身处地多替孩子们想一想，千万不要因为学习上的事情吓到孩子。记住：学习上的灵丹妙药，其实有迹可循，但不是口若悬河、侃侃而谈，是真正脚踏实地正人正己。切记物极必反，学习好的孩子不是逼出来的，是学习兴趣培养的结果。

## (3)要引导孩子学会认错

有一位朋友给我来信，信的内容大致如下：

我也不想给小儿压力，可是有时候就是会发飙（不由自主的，一股无名怒火从心底弥漫至四肢，直冲大脑），然后就是一声大喝。想让他自立吧，他就一副老大的样子，玩起来没个度，看电视，一屁股坐下来，能坐2小时，不带眨眼的，嘘嘘急了也憋着。现在是越大越不好管了，以前骗一骗，哄一哄，注意力转移了，就好了。现在固执己见，一副不撞南墙不回头的拧脾气（他明明是错的嘛，有眼睛的都看得到，就不认错，还瞪眼说他是对的！）你说，这么小的孩子，他一点也不知道什么是对错呢，整天搞得跟没事人似的？另外，说归说，其实我们还是很宠爱他的，不过现在我觉得他已经自信过头了，什么东西问也不问一下，就开始干，呜呜，我气死了，家里的狗狗就是个搞破坏的，小孩子更是破坏大王，以前还是用小手掰掰，现在就已经上刀子、钳子啦。

看了这封信以后，我的心情久久不能平静。我很为她的真诚所感动，直言自己的困惑，就说明她是一个心胸很宽广的人，也是一位非常值得我尊敬的人。不过就孩子教育来说，我认为，首先，父母不能够常常在孩子面前发脾气，因为发脾气并不是解决问题的最好方式！常常发脾气不仅能够暴露出父母的不够自信，而且还会让小孩子了解大人的行为规律，长此以往，父母会处于被动地位，孩子则变成主导地位。在这种情况下，请想一想我们小的时候是怎样同父母相处、沟通的。

经常的雷霆式教育会让孩子习以为常，也会让他变得更加坚强。时间久了孩子就会满不在乎，更何况他可能并不知道错误出在那里。再说父母也不一定能够掌握分寸，那么小的孩子在暴风雨式的教育面前，还能清醒地认识问题吗？我们家的小朋友也有犯错误的时候，那时候，我们会首先冷静地分析一下问题，看看是什么样的事情，然后再解决。

【让孩子知道犯错不可怕，知错能改大人更喜欢他】比如：孩子不是有意边看电视边吃东西，她妈妈会先帮助清理好东西，然后对他说，你知道这是不好的吗？孩子会说知道了；当孩子认识了错误后，大人就要说，这一次没有关系；记住下一次可不行。看看妈妈多么辛苦，还要帮你清理。

【大人和孩子都要察言观色】比如，小朋友正手中拿着饮料到处乱跑，玩得兴起。大人看到后警告过他，放下手中的杯子再玩。可是小朋友没有听话，饮料洒了，弄脏了沙发。大人非常生气，赶忙先清理沙发，同时一边适度地抱怨孩子的不听话。看看他是否知道错了，如果知道了，就不要再唠叨没完没了，马上转移一个新的话题。不要让这件事放在孩子的心上。如果孩子还是没有认识到错误，也不要多说什么了，这时说了也是没用！可以有意地疏远他，让他知道因为他不知认错，您不喜欢他了，让他知道只有认错您才更加喜欢他。再如当小朋友非常倔强，仍然不知悔改时，他的妈妈会把他送进洗手间，就是关禁闭，让他自我反省，什么时候想好了再出来，有时他哭得很伤心，要多留意，看看是否知错了，如果是这样，马上让他出来；并告诉他妈妈也不想这样，以后要记住听话。

【每一次处理完问题，一定让孩子高高兴兴的】作为父母一定要多倾听孩子的声音，不要打压孩子的积极性。当你认为小朋友是在搞破坏的时候，也可能正好是孩子积极创造的时候。要多鼓励让他去做，这样才能更加了解孩子的内心世界，便于今后的发展。比如，小孩子学着画画，没有画在图纸上，而是涂在您刚刚漆过的墙壁上，或者是刚买来价值不菲的真皮沙发上。这时，我们要冷静地想一想如何教育孩子。我想事已至此，心疼恐怕是没有用了，那就应该首先表扬小孩子，赞许小朋友画的图案。虽然明知道画得不好，也要给他打气，加油！让他今后喜欢画画。其二是询问孩子为什么会画这个图案，要明了孩子的兴趣所在。教育孩子如果以后想要画，最好画在图纸上，告诉他画在纸上的好处，因为这样可以拿起到处走，可以随时看；也告诉他画在墙上的坏处。让小朋友高高兴兴地接受。相反如果我们把次序颠倒了，倘若一时头脑发热，一阵暴风骤雨，然后再让他在图纸上画画，他会高兴地去做吗？所以同样的事情，处理的方式不同，对孩子将来的影响也自然不同。

## （4）给孩子立规矩，要赏罚分明

有时候，我们在教育孩子的时候常常会束手无策，不明白应该怎么做才好。也有的时候我们不问青红皂白，甚至当头棒喝。把一件看起来非常简单的事情，搞成很复杂的问题，让孩子不知所云，无所适从。这样的结果使做家长的很被动，有时候为了一个小孩子忙得团团转，弄得孩子也是一头雾水，非常辛苦，不知道大人究竟要怎样。在国内，我接触的大多是所谓棒打出孝子的严格教育，在欧美接触的华人则是慈母败儿式的溺爱管教。这看起来是不同道上的两码事，不知到底是哪一个更好一些。其实，这两种方法都不是最好的方式。如果我们能够将这两种方法很好地结合在一起，才是最好的。比如，发明大王爱迪生，小时候，做出了孵蛋的故事。他的妈妈深深懂得儿童教育，并没有去责备淘气的孩子，而是从另一个角度去正面教育引导孩子，启发孩子的求知欲望，这样一来，成就了一个举世闻名的发明大王。又如人类历史上最伟大的科学家爱因斯坦，他小时候非常愚笨，经常受到小朋友的讥讽嘲笑。在上小学的时候，有一次老师让每一个小朋友在家里制作一个小板凳带到学校。当所有的小朋友把精心制作漂亮的板凳拿出来时，都受到了老师的表扬。最后，老师走到爱因斯坦的面前说：你的板凳一定非常漂亮，在哪里？爱因斯坦羞涩地拿出自己糟糕的作品，结果又引来了同学们的哄堂大笑。老师也嘲笑说：大家都来看，这是世界上最糟糕的板凳！当大家嘲笑过后，老师接着问爱因斯坦，我说的没有错吧！还有没有比这更糟糕的板凳呢？爱因斯坦回答说：有，说完从座位下拿出一个更为糟糕的板凳。同学们更是笑得前仰后合。此时的老师却没有再嘲笑，而是非常严肃地说：那还有没有比这更差的呢？爱因斯坦回答说：有，在家里的前三个比这更差。老师拉过爱因斯坦，高举起小板凳，对小朋友们说：同学们，你们看，这是世界上最漂亮的板凳！因为他已经尽最大的努力了。说完小朋友们回报热烈的掌声。其实这就是老师很巧妙的教育方式，假如老师听到爱因斯坦的回答无动于衷或是勃然大怒，那肯定会从心理上影响爱因斯坦的，真到那时，伟大的爱因斯坦可能就不会出现了。

所以，到今天，棒打教育一直饱受诟病，也就是因为这种教育方式弊端太多，方法不当，打击了很多孩子的积极性，使孩子的精神承受很大压力，严重的可能会造成心灵上的伤害。当然，一味地迁就孩子的错误也是不行的，要让孩子知道，犯了错误就要勇于承担责任。由此可见，教育孩子一定要从小给它立下规矩，赏罚分明，让小孩子在健康的环境中茁壮成长。

## (5) 早教是性格与品德的培养

许多朋友一心望子成龙，盲目地随波逐流，追捧孩子的早期教育。更有甚者，有的年轻妈妈，在孕期就开始进行了胎教。我不知道她们这样用心良苦的努力是否会有预期的结果，还是图个吉利。对此，我很想知道她们为什么要进行早期教育？早期教育最大的收获是什么？早期教育真的对孩子智力开发有举足轻重的帮助吗？我身边的朋友，有的对这种早期教育大加赞赏，有的却说这种教育毫无用处。

根据我的经验，那种死记硬背式的早期教育对孩子的智力开发丝毫没有帮助，所培养的孩子大多是缺少想象力，久而久之养成了喜欢模仿别人的习惯，没有自己独到的东西。不知不觉成为了山寨版，生活在别人的影子里。虽然他们可能是出口成章，说得头头是道，但是他们所掌握的实用生活知识却并不见得比那些没有啃多少书本的孩子知道得多。比如：有一个两岁的小孩子和一个六岁的小孩子在一起参加钢琴学习，不难看出前一个小孩子因为年龄太小，从理解上来说一定不如后者；而后者在相同的精力和时间上一定比前一个学习得更好掌握得更快。另一方面，孩子更早地接触枯燥乏味的知识以后，易于滋生逆反心理，产生逃避行为。有的孩子想要取悦家长或是想证明自己聪明，过早地接触与年龄不相称的知识，接人待物像个小老人，失去了天真无邪的本性，他们可能“太聪明”，与其他同龄的孩子在行为和思维上显得不合拍；即使他们的思维进入比较大的年龄段，但是这个年龄段的人们也同样无法接受他们的做法。结果，这些孩子的处境变得很尴尬。

其实，那些好玩好学的益智游戏对孩子今后的智力开发很有帮助，而且早期教育最应当做的应该是性格和品德的教育。每个孩子从小展现聪明的方式各不相同，家长只要能够培养孩子的学习兴趣，不搞拔苗助长式的教育，孩子将来一定会有所成就的。

另外，孩子的早期教育不一定需要家长有多高的文化知识，却一定要有正确的认识，能够把自己的想法言传身教给孩子，能够培养孩子良好的思想品德和坚韧不拔的生活态度。只要有了这些基础，那么在老师的谆谆教诲之下，学习文化知识就会感到很轻松。

在美国，也有早期教育，不过那是玩耍的教育。他们鼓励孩子多去玩耍，在玩耍中学习新的知识。老师也不会严格要求孩子，这一次做不好下一次慢慢来，在循序渐进中培养孩子对学习的热情和持之以恒的决心，尽量挖掘孩子的潜力，发挥孩子的想象力，培养孩子的创造力。刚开始的时候，您可能认为这样的教育是在浪费孩子的宝贵时间，没有让孩子取得学业上的高分。可是等孩子长大了，特别是上大学以后，您就会发现他们从小所培养的想象力，对他们的一生都很有帮助。

所以我认为幼儿的早期教育，应当是重点培养孩子好的品性和习惯，让小孩子学会正确的人生观。这样，一旦孩子养成了勤奋、上进的个性，奉行善行、好义的美德之后，再去学习那些应知应会的文化知识，就会事半功倍。如果孩子只会鹦鹉学舌，即使学富五车，而没有树立一个正确的人生观，学再多的知识又顶什么用。这样的教育难道不是我们做家长的悲哀吗?

## (6)儿女的完美早教:玩与学习

我的儿子天真烂漫、活泼好动，自五岁起就开始进行了早期教育。这对我来说已经是很早了，可相比国内一些家长来说，我的早教不知道晚了多少年。我和夫人都坚信最初的早期教育不应该是啃书本，而是益智的玩耍游戏，要在玩耍中培养孩子的学习兴趣。像我一样，从小就能背许多的毛主席语录，因为我真的非常喜欢里面的许多语句，时至今日虽然是忘记的不少，但是记住的都是真正能够领悟的。而在当时我也硬着头皮背了很多唐诗宋词，如今用的少了，忘得也是一干二净。

夫人曾说，我们的孩子不搞什么天才教育，只要孩子快快乐乐地成长比什么都重要。这点我开始也是有点担心，因为本来想在儿子四岁的时候送他去学习绘画，因为我有一位朋友的孩子，也是在这个年龄开始学习绘画的，结果夫人极力反对，说是太早了。这个时期的孩子根本学不会什么，再说老师教起来也非常慢，最主要的是要看一看孩子是否愿意去。

这让我想起我的过去，自打我开始上学，我就非常讨厌绘画。主要原因是我没有自信心，

家里人都会画画，而且画得都那么好。所以，每当说起绘画，我就会望而却步。可是过了而立之年，因为工作的需要，我又接触上了绘画。这一次不比往日，我先是仔细地做了一番研究分析，以确立自信心，结果还可以，因为我有点画画的天赋，此后我信心倍增，日夜操练，没过多久，画起来就得心应手。现在想来的确如此，一个大人的理解能力比小孩子会强一些，学起来应该也是比较简单，当然也需要方法和努力。

最近，儿子报名参加跆拳道学习，夫人这回可没拦着，还举双手同意，她觉得可以锻炼身体增强体质。在跆拳道的班级里共有三十多名小朋友，年龄在4—8岁之间，每周一节课，教半个招数，说穿了，其实就是老师领着大家玩耍。在练习的时候，儿子的一招一式做得有模有样，能够和儿子相比的只有一名8岁的孩子，因为整个班级只有他们两个可以听懂老师讲的话。其他的孩子都比较小，注意力也不太集中，根本不知道老师在教什么，做起来也就没有套路、样式。不过当老师带着孩子们跑步的时候，情况就不同了，所有的孩子都非常认真，争先恐后地围着老师跑起来，你追我赶，一个个气喘吁吁的，很是高兴。当进行到俯卧撑的时候，老师示范了几十回，可就是没有一个孩子可以照做的。所有的孩子都趴在地上爬来爬去，口中却数着123。不过老师也不介意，他们都知道这个年龄的孩子没有进行过特殊训练，臂膀根本撑不起来身体，与其在强迫训练，不如把训练当成玩耍。

今日，我和夫人谈起了让儿子学习乐器的事情。夫人开始说很好，后来我们研究了一番，发现儿子喜欢震撼激情的爵士乐，也喜欢吉他，还喜欢有绅士风度的萨克斯。这时候，我就对夫人说：既然他喜欢这么多，无论是什么那就尽快学习吧。谁知道夫人不慌不忙地说：急什么，现在孩子还小，现在学也听不懂多少，害得老师也非常辛苦。如果孩子再大一些，

他的理解能力更强一些，那样学习不是更省时间和精力。后来又给我说一番大道理，我想想也是。既然有“前车之鉴”，当年女儿也是这样学的。所以，我们教育小孩子，就是靠这个秘密武器，不提倡让女儿也像其他小孩子那样，搞一些面子工程，而忽视了那些真正应知应会的生活知识。现在回想，如果我们能回到过去，一定会让女儿先学会一些生活中的人身安全知识，而不是去坐在那里死记硬背古诗词，毕竟在小孩子的时期，最好让她学会如何保护自己，这才是最重要的。如今儿子 7 岁就上二年级了，比起我当年 9 岁上学，不知道进步了多少，这也许是西方教育和东方教育轻重缓急不同的认识吧。

## (7) 适当控制孩子的物质享受

俗话说：大家出闺秀，豪门多纨绔。说的就是环境对孩子的教育和未来的发展影响。所有的小孩子都有一个显著的特点，那就是好奇心和占有欲。一个好的好奇心可以使小孩子不断学习，不断进步，进而茁壮成长，而一个不好的好奇心又可能使小孩子最终堕落，令人惋惜。同样的道理，让孩子有一个好的占有欲，也是小孩子健康成长必不可少的条件。相反，让孩子有一个贪婪的占有欲，往往会毁坏一个人的灵魂，甚至毁掉小孩子的大好前程。特别是在时下，有些人标榜物欲横流的观念，对小孩子思想品德的教育就显得尤为重要，也更有挑战性。常言道：富不过三代。说的就是我们教育孩子不能不学无术、没有理想，也不能过分追求物质。其实，在现实中，吃苦耐劳的孩子比娇生惯养的孩子更容易出类拔萃，比他们更懂得人情世故，也更加发奋图强。因为他们知道生活中的艰辛，懂得珍惜来之不易的生活。

在生活中，小孩子还处于不懂世事的阶段，就像一张洁白的画纸，很多事情需要我们家长来帮助他们逐渐认识社会，在上面涂画一生。如果我们教导有方，他们就会勤学上进，如果我们教子无方，不懂得节奏，一味地娇宠纵容孩子，这样再好的孩子也会养成狂傲和贪婪的恶习。

俗话说："冰冻三尺，非一日之寒。"我们知道有一些电子游戏和电视，确实会让小孩子不能自拔，玩物丧志，浪费了许多精力和时间。导致认真学习的时候也会心不在焉，心猿意马，不能集中精力。

适当限制小孩子的物质享受，并且有效控制一些游戏式的电视节目，对小孩子的教育来说，不仅没有害处，反而使其受益无穷。面对纷纷扰扰的世界，涉世未深的小孩子怎么能够抵挡那些诱惑呢？别说他们，就是我们有时候也会犯下过失。所以，适当的时候让小孩子学会在逆境中生存，来锻炼他们的意志和忍耐，对他们很有用处。当然适可而止即行，不用太深入，那样会起到负面作用。

在教育女儿的时候，我们先让她从我们的生活中发现学习的兴趣，然后和她说清楚，正确掌握她想要学的东西，我们也适当地引导她去做，这样不仅有利无害，还能够起到正确的教育目的。如果我们采用遮遮掩掩、回避的方式，不仅于事无补，可能更会使得小孩子心理受到创伤而不愿意学习。

总之，贪得无厌是培养良好品质的大敌，脚踏实地才是教育小孩的灵丹妙药。究竟要给小孩子设定什么样的标准呢？虽说仁者见仁智者见智，但我们绝不能好高骛远，跟别人家的孩子搞攀比；也不能拳脚相加式的棍棒教育，而应该循序渐进地加以正确引导，这样的话，小孩子一定会健健康康地成长起来。

## (8)教育孩子重在言传身教

有一个朋友给我讲述了这样一件事：他有四个孩子，三个女孩，一个男孩。男孩年龄最小，当年只有四岁，一家老小对他宠爱有加，还特别请了一个保姆专门照顾他。不过这小家伙倒也争气，非常聪明，也很可爱，让爸爸妈妈喜欢得不得了。

可是有一天，这小男孩调皮起来了，爸爸有些生气地对孩子说："如果你再不听话，我就不爱你了！"谁知这个小家伙竟然脱口说道："你不爱我，我也不要你爱！"说完之后，就气冲冲地跑进房间，把自己关在里面。小家伙一闹腾，这可把爸爸吓坏了，爸爸就在外敲门，让他走出来。可是小孩子的脾气还挺大，仍然不肯出来，后来爸爸也着急了，就说："如果你再不出来，我就把你赶走了，永远不要再回来。"小家伙在房间也是不甘示弱地说道："如果你让我出去，我就把房子烧掉。"好家伙，人小，心可不小。这么僵持下去也不行，于是朋友非常无奈地工作去了。等到朋友再回来的时候，保姆拉着四岁大的儿子低着头站在爸爸的面前，对爸爸说道："对不起。"看到这种情形，爸爸也就一笑了之，父子重归于好。

事情过去了好几天，可爸爸对儿子的那句话还是记忆犹新，觉得自己对孩子那么好，平常为孩子作出了巨大的牺牲，给了他最好的生活、学习条件，还特意买了带有游泳池的大房子。那孩子为什么会说出这样大跌眼镜的话语呢？朋友问我是不是对孩子的教育出现了问题。毫无疑问，的确是他们的教育出现了问题。而问题不仅仅在孩子这一边，还在于父母的教育方式。首先不论孩子的对与错，先看一看作为爸爸做得是否合理：发现爸爸头脑一时发热，不假思索就脱口而出的话题，深深伤害了小孩子积极向上的自尊心，父亲说的话太伤人，对孩子的自尊造成了伤害，以至矛盾激化。其实，想来，他只是一个孩子，你已经是个成年人了。你急于寻找孩子的问题出现在哪里，却没有发现根本的问题，反而使得两人之间产生矛盾。其实，家长在孩子面前的一言一行，一举一动，都将深深地影响孩子今后的成长。

众所周知，小孩子的成长离不开爸爸妈妈，作为父母，他们可以随心所欲地画出自己认为的蓝图，也可以任凭孩子为所欲为，更有可能给孩子的一生留下遗憾。聪明的朋友们，我想您此时一定也知道了解决问题的方法。在与那位朋友促膝长谈之后，朋友豁然开朗地笑着对我说：听您这么一说，我已经找到了答案。

当今社会，很多人会把“父母是孩子最好的老师”经常挂在嘴边！却很少人去仔细体会其中的含义，小孩子能够说出什么样的话来，跟他的父母有着直接的关系：父母教导得好，那就皆大欢喜；父母教导得不好，那也只好自食其果。现在，孩子还小，父母不必对于童言有太多的苛求。因为四岁的孩子现在只不过是随便说说而已，实际上他也不知道把房子烧掉的后果是什么。

回过头来再说小孩子的错误所在，年仅四岁的小孩子能够说出语惊四座的话语，足以让家长蓦然惊醒。家长如果不能够正确对待这个问题，而只是装聋作哑，听之任之，那么长此以往，这样的放任自流只会害了孩子！所以对孩子的督导千万不能掉以轻心。试想一个四岁的孩子都能说出这样有觉悟的话，十年之后，待他羽翼丰满以后，仍然延续现行的教育，指不定他又会做出什么样子的事情，那时你还能管教好吗？所以现在适当的管教还是必需的，而且很必要。

许多的事情要一分为二地去看，不能一概而论，一棍子打死。也就是不能一味盲目顺从，也不能过度体罚；要认清是非，赏罚分明。当孩子做对、做好一件事情以后，一定要及时鼓励，给他加油！当孩子做错事情以后，也要让他能够及时深刻反省，巧妙帮助他认识并改正错误。其实，这才是一个父母应尽的职责。当然，作为家长，为了应对新老问题，我们也要不断学习；在教育孩子的同时，自己从中吸取经验和教训；及时修补教育的方式，这样才能培养出忠孝两全、德才兼备，健康可爱的好孩子。

我们常常说的用孩子的思维方式同孩子沟通，不是一句口号，也不是一成不变的。“哄”就是一个跟孩子沟通的好方式，我们要学会哄孩子，就是通过哄让他学好！不是让孩子哄得团团转。朋友颇为感激地说道：谢谢您的忠告，我这是上梁不正下梁歪呀。最后，朋友问道：JOHN，如果是您该会怎么做呢？我不假思索地回答他，如果是我绝不会一错再错；即使一开始我说错了话，也不会继续像小孩子一样疯言疯语，说一些不着边际怄气的话。当孩子把自己关进房间以后，我不会继续打扰他；我会让他进行深刻反省。当孩子自己走出来以后，我也不会立即去质询他，让他难堪。我会和他保持距离，让他感觉到如果不认错，我会真的生气。这时候，小孩子就会悔改，那时我会立即同他和好如初，不再谈起这件事情，给孩子一个好的心情。也让他体察到知错能改的好处！更让他明白，老爸也不是一个心胸狭窄、小肚鸡肠的人，这不是更好吗？我这样做，同样能够起到教育的目的，也可以让孩子的自信和自尊变得坚强，更加深了父子亲情的良性沟通。

如果您能够时常站在不同角度思考，全方位地了解您的宝宝，按照正确的人生观去教导孩子，那么我相信您的孩子一定会成为德才兼备的优秀人才。

## (9) 与儿女一起面对内心强大的“敌人”

大约在半年前，儿子对夫人说：妈妈，校车上有敌人。于是夫人大惊失色地追问儿子：敌人在那里？究竟谁是敌人？儿子却一直支支吾吾，始终不肯说出，这家伙把夫人着急得寝食难安。于是，出于担心儿子的安全，夫人每时每刻都在观察孩子的变化，隔了一段时间，发现儿子依旧如初。时间久了，夫人觉得这件事情也没有什么，就不了了之了。

事隔半年，儿子开始上小学二年级。开学的一大早，夫人就把儿子打扮得整洁一新，送上了学校用来接送学生的专用校车，亲眼看着儿子高高兴兴地上学。午后，儿子终于放学回来了，显得非常高兴，从一下校车就有说有笑非常开心，还不时地唱着歌哼着小曲。眼见如此，夫人也是激动万分，为儿子喜欢上学而感到自豪；并不时地问长问短，了解头一天儿子在学校里发生的情况。儿子呢，回答很是可爱，并讲了一些令人发笑的趣事。最后，儿子非常神秘地对夫人说："妈妈，今天敌人没有来，他以后不坐校车了。"天呀！怎么又是敌人？这是什么情况？夫人赶忙不失时机地想从儿子的口中知道究竟谁是敌人。这一次高兴之余的儿子表现非常乖，对内人如实说出有关敌人的事情。

原来在半年前的一天，一个大男孩和儿子一起乘坐校车，在车上那个小家伙握着拳头在儿子的眼前晃来晃去，并且说了一些侮辱儿子的脏话，让儿子感到非常气愤。于是，每次在校车上见到这个大男孩后，儿子都会充满敌意，时间一长，就把他视为自己的敌人！原来是这么回事，知道了事情的来龙去脉，夫人关切地问儿子：那个敌人有没有打你？儿子回答说没有。夫人又问：那你害怕不害怕呢？爱子回答说：我不怕他！如果他来打我，我就打他。一听到这里，夫人赶忙对孩子说，如果那个小家伙要打你或者是骂你，你不要同他打架，要及时向校车司机和学校的老师汇报；另外，你以后在外面无论遇到什么样的事情，都要及时对妈妈说，好吗？儿子爽快地答道，好！到晚上，夫人把这件事告诉了我，我也非常赞赏内人的做法，并风趣地说：还好儿子在学校有一些喜欢的小朋友，不然哪还有好心情去上学。

记得我的女儿刚来时，那年，她九岁，刚上四年级，英文水平特别糟糕。常常被一个欠教养的小男孩讥笑。在那一年学期毕业的时候，老师安排同学们合影留念，恰好此时，女儿去了卫生间，没有赶上拍照。当女儿回来时，老师发现漏掉了人，就通知大家回来重新照一次。结果，就引起那个小男孩的不满。拍照结束以后，小男孩竟然找上门来，非常认真地对女儿说：都是因为你，害得我们又重新照了一次；都是你不好，你快滚回中国吧！我们不喜欢你。真是恶语伤人。一番话让女儿痛哭流涕，没过多久，这件事就让老师知道了，老师赶忙问女儿到底发生了什么事情；女儿只好如实相告。老师大吃一惊，立即找到那个小男孩，问他到底怎么回事。小男孩非常诚实地把之前说的话重复了一遍。最后那个小男孩在老师的面前向女儿道歉说：对不起，请你原谅！以后再也不会这样了。

女儿放学回到家里以后，把这件事告诉了夫人。听后，我们也是火冒三丈，正待发作时，老师的电话打来了：代表学校向我们道歉，并说学校已经通知了小男孩的家长，让他们严加管教孩子，下不为例。毕竟学校不想把高危险的孩子放在校园，担心引起恐慌和麻烦。事后，我把这件事告诉了好朋友，希望他们引以为戒，这些朋友知道后也是非常生气！有的不肯善罢甘休，一定要我们去学校告他种族歧视，让学校开除他。我和内人经过了深思熟虑的认真分析认为，学校处理得已经很好了，他毕竟还是一个只有九岁的孩子。给他扣上这么大的一顶帽子，恐怕他也戴不起。再加上他又不是白人，要说种族，以前他们还是奴隶呢！这样对小孩子来说都不好。还是息事宁人好一些，俗语说：得饶人处且饶人！更何况种族歧视是要有许多证据，不是乱扣帽子的。之后，我们就很快地忘记了这件事。

让我们始料未及的是，十多年以后，儿子的敌人也出现了，这让我们不得不重新面对家教的问题。说句实话，这是一个可大可小的话题，小则一笑了之，大则可以借题发挥。如果不能够有效地制止，长此下去，会影响孩子的心理健康，给孩子今后的心灵深处留下阴影，进而影响他的学业！还有，不对他们还以颜色，他们以后会不会更加得寸进尺，捅出更大的篓子。但是，如果以牙还牙的做法影响到了孩子，是不是在教坏自己的孩子呢？这样岂不是偷鸡不成蚀把米，更加得不偿失！

我想，面对这一个问题，既不可以小题大做，搞得沸沸扬扬。也不可以视而不见，更不可以强行出头，纵容孩子以身试法，真到那时候，后悔都来不及！还是培养孩子的谦和、礼让的品德吧，这些美德并不是畏首畏尾，而是发自内心的一种尊重。谁会希望自己的孩子今后成为气焰嚣张、善恶不分的害群之马呢？又有谁不想自己的孩子将来遇事从容不迫，性格热情奔放、刚正不阿，品行端正、德才兼备呢？当然这一切的形成和父母平常的言传身教密不可分！让我们和孩子一起并肩作战，去面对前进中的艰难险阻，并战胜这个强大却并不可怕的敌人。

## (10)鼓励孩子拥抱外面的世界

暑期临近结束，美国各地的学校都陆陆续续地开学了，女儿也要乘飞机去波士顿学校。今天，我们一家送女儿去了飞机场，在候机厅临行的时候，儿子哭得非常伤心，拉着姐姐的手依依不舍。眼看着飞机在蓝天翱翔，儿子没有流露出平时的喜悦心情，相反仍然站在那里伤心地抽泣。夫人语重心长地对儿子说：“别哭了，等你长大以后也要像姐姐一样坐着飞机去上学。到时候爸爸妈妈也来送你。”谁知儿子哭着说：“我不想上大学。”夫人哭笑不得，继续问道：“那你要做什么呢？”儿子哭着说道：“我哪里也不想去，就待在家里。”

听到他们的对话后，我惊讶不已，感触良多，他们姐弟情深，儿子依依不舍在所难免。可是他现在是否有了不喜欢去接触外面世界的想法，这倒让我警觉起来！我一定要搞明白是真是假，如果是假的，我们大可一笑了之。如果是真的，那么就是我们平时所做的工作还没有到位，需要我们找到解决问题的好方法。要不然对儿子的良苦用心，岂不是竹篮打水一场空吗？最后果不其然，我们知道儿子内心的真实想法，也知道他这样说是气话。儿子比较害羞，所以，我给儿子写了一封信：

我的儿子！你就像那在阳光雨露哺育下，茁壮成长的一棵弱不禁风的幼苗；不经历风雨的洗礼，又怎么能看见天空五彩缤纷的彩虹！为了让明天灿烂的笑容常挂脸上永不退落，那么现在就让那狂风暴雨来得更猛烈一些！锻炼我们不屈不挠勇往直前的意志，使你变得更加坚强！

我的天使！其实你并不孤单，我就是那一直守护在你身旁，不辞劳苦，辛勤耕耘的园丁。为了让你枝繁叶茂，日后能长成参天大树，我情愿付出所有！展翅腾飞吧！我的爱子，施展出你才华横溢的画笔，描绘出更加耀眼夺目的人生，点缀靓丽完美的生命！当有一天荣耀的冠冕为你戴上的那一刻，我和你一样将会陶醉在喜乐温馨的幸福海洋！

记住：我会在一路上陪着你默默地走下去。

## （11）语言学习方法得当，其乐融融

儿子出生在国外，学习中文就跟国内的孩子学习外语一样，苦不堪言。他也不像姐姐那样，不需要我们的提醒，就能够自觉地完成学习任务。如此一来，夫人就要承担起一件重要的任务，就是陪着孩子学中文。然而，美国是一个移民国家，在我们的身边，能够流利地说几种语言的大有人在，这并不是什么新鲜的事情。看着身边的孩子们熟练地说着双语，我们更是不敢掉以轻心。毕竟自己是中国人，让儿子学习中文天经地义，而且感觉学习中文应该轻车熟路，比较容易。其实目的也是让孩子多学一门技艺，今后，就可以更好地为社会服务。

可是，儿子的性格活泼，让他老老实实地坐下来认真学中文，可不是

一件容易的事情。为此，夫人操了不少心，伤了不少脑筋，所幸的是哄孩子是夫人的拿手好戏，通过玩乐学习、恩威并施、赏罚分明等一系列方式，把儿子哄得团团转，言听计从。有了这样好的开始，接下来就需要用耐心让孩子感受到学习是一件很重要的事情，绝对不可以马马虎虎、敷衍了事，否则妈妈一定不高兴。在这个过程中，培养孩子的学习兴趣就显得特别重要，跟孩子说好，写对一笔一画都要及时鼓励，学会了的知识，让他巩固再接再厉。如果孩子没有做好，切不可以操之过急，一定要耐心地让他回到正常的学习轨道上。而且，环境对孩子的学习至关重要！在一个没有外界干扰的环境下学习，远比在一个声音嘈杂的环境中学习见效更快。这是不争的事实！温馨清静的学习环境，可以使小孩子的注意力更加集中，免得左顾右盼、分散学习精力。可是孩子毕竟是孩子，他们的克制力是有限的，怎么可以坐在那里一动不动地啃书本？所以当孩子的注意力过度分散的时候，就不要继续强迫孩子学习。要给孩子一点时间，让他轻松一下。这时强迫孩子继续学习，可能就会让孩子从心底里反感，产生抵触学习的情绪，在这个时候他可能什么东西也学不进去。正所谓：心急吃不了热豆腐。夫人就是很聪明，在这个时候，她一定会让儿子轻松一下，调整一下枯燥的学习气氛，让儿子从紧张的学习中暂时解脱出来，缓解学习压力，然后轻装上阵。实际上，学习是一件苦差事，特别是对学习没有兴趣甚至反感的孩子，所以，培养学习兴趣是成功的关键基础。而制定孩子的学习计划更是关键基础的保证！

我们认为劳逸结合是保证学习效果的关键。在玩耍中学习，在学习中玩耍，就会让孩子对新生事物产生浓厚的兴趣，何乐而不为呢？儿子在夫人的调教下，孜孜不倦地用功学习，夫人也不会强加压力给他，免得他从小就担忧躲避，害怕学习，甚至失去童年的快乐，失去对未来的信心。所以，对孩子信心的培养十分重要！如果一个人没有了自信心，那将是一件非常可怕的事情，他将来能够做好什么呢？

在学习中，儿子有时做得不错，得到夫人的奖赏，也表现出很骄傲的样子。当然，我们从来不去打击他的积极性。现实中，又有谁不喜欢听好话呢？儿子也是如此，也就没有什么奇怪的地方，只要把握得体适度，其实也是一件好事情。不过，在适当的时间，加以辅导改正就可以了，做到不盲目地一味迁就。因为这样会影响孩子的性格，孩子长大以后，心里就受不了一点点的批评和委屈，甚至气势凌人。其实，这些都不是我们所期待的。我们希望他是一个身体健康，有理想、有爱心，德才兼备、品学兼优的好孩子！

任何事情做久了，都会感到枯燥乏味，学习也是这样，如果能够把这种消极的情绪转化成积极的动力。比如，学习应当从言简意明、比较生动有趣的地方开始，这样子无疑会增加孩子求知的兴趣。我想，任何一堂课，如果都能够从故事的角度去讲述，相信孩子学习起来必然兴致高昂，记忆也更加深刻，理解起来也更加容易。所以，只要我们多下一些功夫，多深入了解孩子的想法和提升我们的教育方式，就一定能够帮助孩子建立对学习的热情。

孩子的学习是一件循序渐进的工作，不能操之过急。只要我们一起努力，找到正确的学习方式，相信孩子的明天就会更加美好！

## (12)及时开启孩子的兴趣

傍晚，回到家里，我还没有坐下来，儿子就风风火火地跑过来，亲热地问这问那，让我略显疲惫的身心轻松不少。而后，儿子拉住我的手说：爸爸，我们一起去楼下看跳舞。跳舞，跳什么舞，我一头雾水。但又实在不忍心扫了儿子的兴头，就和儿子一块来到楼下的客厅，看看儿子葫芦里究竟装的什么药。

儿子先是把电视关掉，然后熟练地把音响打开，之后，非常神秘地看着我，羞涩地露出笑脸，大声对我说：爸爸您看。话音刚落，他就一转身趴在地毯上，跟着震耳欲聋的音乐声，在地毯上前翻后爬滚来滚去，好一阵折腾。天呀！这就是儿子口中说的跳舞。今天我算真正明白还有这种跳舞，不过我确实被儿子的激情表演所震撼。虽然舞姿不够优美，但是在我的眼里确实完美无缺。我坐在沙发上，看着儿子不知疲惫地表演每一个毫不相干的动作，尽管儿子跳的是上气不接下气，汗流浃背，他却丝毫没有停止的意思，我更是激动不已，也情不自禁地为儿子鼓掌加油。

音乐还在疯狂的隆隆声中继续，可是儿子的舞蹈却越跳越慢，最后儿子终于撑不住了，累得气喘吁吁，趴在地毯上了。我急忙跑过去，坐在儿子的身边，心疼地问儿子累不累。这个带点倔强味道的小家伙毫不犹豫地回答说：不累。我又接着问儿子，这么好的舞技，你是从哪里学来的？儿子回答说，他是自学的，他还要学习用头顶着地，支撑身体旋转的舞技等等。我被儿子这种勤学上进的热情深深感动了。又是一个无师自通！

我为天生聪明的儿子自豪。记得很早以前，儿子玩电子游戏机的时候也是这样，没有人刻意去教他。而他也只是看了几眼，就在一旁边琢磨边玩耍，说来奇怪，儿子就连那说明书也不曾看过一眼，最后那两只小手却是运用自如，飞快地敲打着键盘。玩得兴致盎然的时候，用废寝忘食形容实不为过。于是，没过多久，儿子就成了我们家中的电玩高手。对此一窍不通的我和夫人也不由得感慨万分。

后来，我百思不得其解，问问夫人，你说儿子连一个字都不认识，怎么玩起游戏却那么出神入化呢？好像自己已经知道怎么玩呢？夫人调皮地说，儿子聪明是像妈妈，如果是像爸爸那就没有戏了！我一时无语。心里却是美滋滋的，青出于蓝而胜于蓝，这不是我所祈求的吗？最后，我终于知道了引导兴趣的自发性学习，远比硬着头皮灌输的学习方式奏效。

## （13）不用盗版，不摘别人家的玫瑰

临近美国一年当中最为重要的节日，大家也都忙着给远方的朋友写贺卡、邮寄礼物。我们一家也不例外，很早就给狗狗准备好了礼物，也给女儿买好了礼物。剩下的就是儿子的了，不过现在还没有想好给儿子买什么，别看儿子还小，可是他很会撒娇，更会讨价还价。而夫人又很宠他，所以，每次都得找个完美的理由来满足儿子。

就这样，在思索和选择中，我们给儿子买好了生日礼物。可是，节日的礼物却迟迟没有选好。为了让儿子过一个快乐的节日，我试探性地问小家伙，究竟喜欢什么样的礼物？儿子不假思索地回答：他想要一台苹果平板电脑，因为他的许多同学都有，所以他也想有一台用来玩游戏。

知道了儿子的心思，我接着对儿子说：如果有了一台电脑，你会不会拿它用来学习呢？儿子回答道，如果可以的话，他当然会用来学习。我听到后非常高兴，就进一步说：当然可以用来学习了，并且还可以从国外的网站上下载许多电影和音乐等等。比如，在美国还没有上映的电影，我们也可以先睹为快，儿子惊喜道：原来有这么好。是的，我肯定地回答，这样我们还可以省很多钱，再也不用买 DVD 影碟了。儿子迷惑地问道：我的朋友是不是也可以这样？我不假思索地回答：不可以。因为他们不懂中文，看不了山寨版。什么是山寨版呢？儿子不解地问道。我神神秘秘地说：就是水货、盗版货。儿子聚精会神地听我得意洋洋的神侃，突然对我说道：爸爸，我不要了！我一脸的惊讶，赶忙刨根问底，有点担心地说：究竟是为什么？开始，儿子遮掩着只说现在不喜欢了。

那我想，总得有个理由呀。我知道，儿子一定另有隐情，在我的追问

下，儿子才说出原委。原来他是担心，如果让他的同学知道了他使用盗版货，大家会嘲笑他，因为这跟偷盗没有太大的区别。听儿子这一番话，我如大梦初醒，再也不能故作镇静了。想不到一个乳臭未干、小小顽童的觉悟，竟然比我这个大人还要高，真是羞愧难当。想想以前，再看看现在，我发现自己的思想落伍了，快跟不上时代了。

以前，女儿也说过类似的话。不过，那是十多年前的事了。当时，我带着女儿去教会，被教会花园中的玫瑰花给吸引住了，我以前从未见到如此多的花，所以，我在那里看了很久，脑海中一直有个贪婪的欲望：等到四下无人的时候，一定要剪几枝回去，插在我的床头窗台，岂不美哉！这时候，女儿走过来，问我在干什么。我告诉她我的想法，谁知道女儿一脸不屑地转身就走，后来，她就把这事告诉了夫人，夫人知道后，劈头盖脸地数落我一顿：JOHN，你自己丢人现眼还嫌不够吗？难道还要教坏孩子吗？最后，我知道我犯了严重的错误。实际上，父母就是孩子的最好榜样，上梁不正下梁怎么会正呢？从那以后，我收敛许多！尽力给孩子做个好榜样。

时光飞逝，把女儿送到大学之后，原以为儿子还小，就没有多想，我的思想也就放松了下来，谁知今天又犯了错误，还让儿子给上了一堂课。说句心里话，诚实太重要了！回想当年，我们背井离乡，远渡重洋，来到异国他乡，那时的生活虽说并不富裕，然而我们却并不害怕，硬是靠着吃苦耐劳、勤学上进在美国打拼了一片天地，也受到了大家的尊敬，心中常有某种自豪感。

## (14)父母要做好孩子的旁观者

也许是我的粗心大意，也许是我一直以来总把儿子看成弱不禁风，就像把一只可爱的小猫咪放在温暖的怀抱里。然而今天发生的一件事让我对儿子另眼相看，不得不让我重新去认识我的宝贝。

夏洛特维尔是弗吉尼亚大学的所在地，夫人正好是这所学校的义务工作者，儿子也在这里上学。这里的中文学校每年都会有三十多名学生，他们的父母大多是来自中国大学的学者和研究生。夫人的工作就是帮助学校的老师看管好这些小顽童，让他们平平安安地来，高高兴兴地走，不能出现丝毫的差错。

来到这儿的小朋友大多数都非常喜欢学校，我分析了一下，主要原因是他们每个星期都可以跟要好的朋友在这里见面、玩耍。而真正在这里学习的学生真可谓寥寥无几。可是做父母的就不会这样想，每个星期他们都会带宝贝来到这里寻找最合适的学习方式。可是孩子们在课堂上总是天真活泼、无拘无束地玩耍，看不到一点他们想要学习的迹象，教室对他们来说更像是一个游乐场。我的儿子也是一样。

每当课休的时间，小朋友们就像是脱缰的野马，迫不及待地冲出教室，疯玩一起。看到这一切，在外等候的每位家长都笑逐颜开。这时，夫人发现儿子跑到了一个高年级男孩子的面前，使劲地撞在了男孩子的身上。男孩子比我儿子高出一头，他没有恼怒，而是非常有礼貌地不理儿子。他只是被撞得急了，才用手推开儿子的身体。可是不知道什么原因，儿子还在继续撞向男孩。眼见如此，夫人急忙跑过去，拉住儿子，并问道，你为什么要撞他。儿子说我要报仇。

夫人继续追问，才知道原因。原来是在上周万圣节的时候，当时，许多小朋友都在化装中玩耍，儿子打扮成可爱的超人，不曾想帽子被装扮成蝙蝠侠的男孩子无意中撞坏。因为当时玩得兴起，一时没在意，因此男孩子也没有向儿子道歉。回来以后，当儿子发现头盔受损后大为恼火，认为男孩子是故意把自己的头盔撞坏的。过了好久，儿子仍然对那个男孩的行为耿耿于怀，今天正好借着这个机会找男孩报复。知道了这个事情的来龙去脉后，夫人及时教育了儿子，儿子后来也知道自己做得不好，就向那个男孩表达了歉意，最后这两小家伙就成了好朋友。看到他们充满童趣、可爱的脸庞，我想他们这样，才是快乐幸福的。

这件事过后，我的心里喜忧参半，喜的是看着儿子慢慢长大了，也懂事了一些，变得更加坚强，起初我还担心儿子感情脆弱，将来会很胆小，怕事，现在看来我真是杞人忧天，自寻烦恼。不过也有让我头疼的，毕竟打架不是一件好事。俗话说：君子动口不动手。古人教给我们的不是争强好斗，应当慈悲为怀，得饶人处且饶人。为了一件鸡毛蒜皮的小事，儿子居然念念不忘。自古以来，小肚鸡肠的人不会有大的作为，现在该是我们和儿子一起去寻找人生正确方向的时候了。

## （15）要保护孩子的隐私

儿子学习写日志已经有三个多月了，究竟写的是什么，我们都不得而知。只是每一次写好以后，儿子才会告诉我们一点而已。儿子的爱好很多，不是画上一幅小画，就是写上几行心情日志。其实，无论儿子写的或画的是什么其实都不重要，重要的就是只要他自己喜欢，并且能够坚持下去就行了。当然说到儿子的坚持，还得说说夫人，要是没有夫人的努力，儿子也不会这么有耐心写日志。

万事开头难，刚开始，儿子也是心浮气躁，一会儿心不在焉、左顾右盼，一会儿无精打采、魂不守舍，不能安安静静地多坐一会儿。那副样子，我们看了都于心不忍。没办法，再怎么着也得让孩子学会写东西啊！于是夫人就想方设法引导孩子，她每次都会用温柔的话语鼓励儿子，激发儿子学习的兴趣和热情。让儿子打起精神，竭尽全力完成自己的“大作”，你还别说，夫人这法子还真奏效，每次大功告成之后，我们都会聚精会神地听儿子讲述他的故事。即使我们没有亲历，但能分享孩子的故事，这已经令人高兴了。其实，每一个人都有自己的隐私，小孩子也是如此。他们也有自尊自爱，不想让别人赤裸裸地看见自己的内心世界，成为讥笑讽刺的话柄。他们同样需要善意的掩饰。在此之前，儿子和夫人有一个君子协议，就是保护日志的隐私权。无论儿子写的什么，未经许可，任何人都不能查阅。当然也包括我。

尊重儿子的隐私，他学习的热情一天比一天高涨。现在想来，正因为我们信守对儿子的承诺，他才对我们加以信任和尊敬。一个小孩子尚且懂得遵守承诺，作为成年人，我们还有什么不能遵守的呢？所以，为了这个承诺，我们会义无反顾地进行下去。

## （16）儿子从寂寞中寻找快乐

儿子在国外出生，比女儿小十三岁，一生下来，他就只能看到我们这几个人，不像当年女儿所处的环境。女儿是在国内出生的，那时候周围有很多长辈和亲朋好友，给予了她很多关心和爱护。每天，大家都争来抢去地要领她玩耍，犹如掌上明珠。一点也不显得孤单寂寞，比儿子要幸福不少。有过这样经历的朋友都知道，这种寂寞其实很难受，更容易使小孩子患上自闭症。不过幸运的是夫人教导有方，现在，看不出儿子有丝毫的自闭性。看到儿子在这种环境下，性格开朗、活泼聪明，我们彻底放心了。

美国法律明确规定，年龄在 12 岁以下的小孩子不可以独自待在家里，必须有大人在一起陪伴，否则家长就要承担法律责任。也就是说，12 岁以下的小孩子，如果没有大人陪着，就哪里也不能去，当然也不能和其他的小孩子一起去玩耍。即使要去小朋友家里玩，事前也要征得对方家长的同意，倘若出现差错，他们的家长要承担监护责任。因此，小孩子在美国一般不会随便串门。儿子也是如此，平常和他妈妈几乎是形影不离。虽然他非常渴望和其他的好朋友在一起玩，却也无可奈何。

即便如此，儿子还是从来都没有什么怨言，在他的日常生活里，放学后，回到家里还得学习一个小时，才能看半个小时的电视。闲的时候，不是围着夫人转来转去，就是独自一个人在房间弄玩具，做些拆下来装好，再拆下来装好的无聊事情，在这种枯燥的游戏中寻找乐趣。比起国内的有些孩子，他不知道要多悲哀。

当然，他在逆境中学会坚强不屈，这可比起身处一帆风顺的孩子更令人骄傲。尽管他会遇到这样那样的困难，但是我们坚信，儿子的未来不是梦。

## （17）儿子听我讲故事

和儿子在一起的时候，我感到很温馨，很幸福。看到现在的小孩子都那么聪明伶俐，心里不由得赞叹不已，儿子就像我的好朋友、开心果，我们在一起的时候，几乎是无话不谈。孩子有时候又像一个固执的老头，不管你怎么说，他总是坚持自己的意见。

记得很久以前，我无意中翻开了儿子写的中文作业，上面的字写得工整、清秀、洒脱，

不过，几乎每个字都分家了，如果不仔细推敲，还真是不容易看懂。因为这，我曾经对儿子婉转地提到过，谁曾想儿子却并没有放在心上，仍然我行我素。对此，我很是苦恼。因为孩子还小，说深了，怕小孩子受不了，影响学习的积极性。说浅了，又觉得毫无用处，不能从根本上解决实际问题。正当我左右为难之时，儿子缠着我给他讲一个感兴趣的故事。我想这正是踏破铁鞋无觅处，得来全不费工夫，我借着给儿子讲故事的机会搞个旧事重提，希望儿子能够明白我的良苦用心。于是我找来纸和笔，在上面写了一句话，让爱子来阅读。果然儿子认真看了起来，过了一会儿，他再也读不下去了，一头雾水看着我说：爸爸，您写的这是什么？我大笑对儿子说：这是我小时候写的一首歌谣，当时没有人能够看懂，只有我自己才知道。

儿子急不可待地问道：那您写的到底是什么？我赶忙告诉儿子，我写的是：我的好妈咪下班回到家，劳动了一天多么辛苦呀，妈妈，妈妈快坐下请喝一杯茶，让我亲亲你呀，我的好妈妈。儿子听后，笑得前仰后合。我急忙说道：那个时候，我以为写得非常好，正等着大家的夸奖呢，可是竟然没有人知道这是什么意思，他们还以为我在写魔法师的魔咒呢。你说可笑不可笑。

儿子笑得更加开心，使劲点着头说：对，对，对。最后，我借题发挥说道：写字不仅仅是让自己看得懂，更是要让别人知道是什么，不然一定会像爸爸那样丑态百出，做出一些令人啼笑皆非的囧事。不过，从那以后，爸爸写的字就好看多了。其实，自己写的字就像是人的一张脸，有谁不喜欢漂亮呢？听到这时，儿子似乎明白了什么，转过身找妈妈去了。从那以后儿子的文字写得就更好了。

## (18)教育孩子不要把逞能当作英勇

有一天，儿子拉着我的手，笑着说：爸爸，我们一起去楼下练习跆拳道好不好！我不忍心扫了儿子的雅兴，便欣然同意。儿子非常开心，便跟我一起对打，他好一阵猛攻，拳来脚往令我疲于应付。愈战愈勇的儿子眼看胜利在望，更是步步紧逼，把我赶到了墙角。面对儿子的凌厉攻势，无奈之下，我只好背水一战，奋起反击。趁着儿子一不留神乘机偷袭，不曾想一招制胜，化解了险境。儿子倒也不以为意，明白了大意失荆州的后果。

随后，我和儿子席地而坐，一起谈天论地聊起了功夫。我对儿子说，功夫不是花拳绣腿，是实战的产物，不是人家站在那里等着你来教训，而是讲究策略的。等有时间我找一些中国的功夫片给你看，让你开开眼界。不曾想儿子信心满满地说：我以前就看过了。我说你看的那是电影，是虚拟的，那不真实。儿子争辩道：我也看过真的打架。我觉得事情不对，就问儿子：你是在哪里看到的，说给爸爸听一听。于是儿子跟我讲起了在国内的所见所闻。

那年，我回国探亲不久，有一天，我和叔叔一起去玩，叔叔正在开车，突然一个人站在路中，拦着我们的车。叔叔来了个紧急刹车，还好有惊无险，总算平安停下。叔叔立刻跳下车，对那人一阵痛骂，结果两人言语不和，大打出手，叔叔飞起一脚将那人踢倒在地，又来了一阵狂风暴雨般的猛踢，最后叔叔扬长而去。

听到这里，我是一脸的愁云，怪不得一向温顺的儿子，最近在外面喜欢拳脚相加，原来他已经把叔叔当成了英雄。如此下去，儿子将来一定会惹是生非，好人做不成，做坏人倒来得快。又想起那叔叔不可一世的行为更是让我胆战心惊，不管怎么说，开车一定要注意安全，汽车一定要让行人先行，否则撞到人一定是司机的责任，弄不好会出人命的。

于是我赶忙对儿子说：做人一定要老老实实，动不动就挥拳动手是不好的。你看爸爸也经常出现交通事故，可是从来就没有遇到这样的事情。无论是谁的过错，大家一定要心平气和地解决问题。在第一时间安慰受害者，争取得到他们最大程度的原谅，然后快速报告请求协助。遇到事故，人绝对不能蛮不讲理，那样就会失去诚实，如果一个人没有了诚实，那他就是无可救药了。再说了，打架也是一件错误的事情，不管你有没有道理，只要先动手那什么正当理由都不正当了。常言说：君子动口不动手。好人是以理服人，以德服众的，即使你有通天本领，如果行不端、品不正，也是枉然，毕竟邪不胜正。你以后可千万不要惹是生非，打架斗殴。记住：那是缺少教养的孩子才喜欢做的事情。在学校，如果有事情一定要向老师说，回到家里一定要跟妈妈讲，这样才是一个好孩子，你知道吗？

听后，儿子笑着说：知道了，我是一个超人，不会做坏事。最后，儿子又拉着我的手说：爸爸快来，我们继续玩打架。

## （19）“不想看到好朋友伤心的样子”

转眼间，新春佳节就要来临了，中文学校的小朋友为了喜迎新春，正在紧锣密鼓地加紧彩排节目。其中，《狼和羊的故事》仍然是今年小朋友们表演的重头戏。不过，小朋友们都想扮演小羊乖乖，都不喜欢扮作大灰狼。因为大家都知道小羊乖乖是善良美好的，大灰狼是邪恶丑陋的。这一次可难倒了学校的老师，一时苦无良策。没有办法，老师只好用上了老办

法——抽签。这样看起来比较公平，实际上也是无奈之举，如此，小朋友们又忙着抽签，

当然，抽签的结果肯定是几家欢乐几家愁，还没有抽到签的朋友，心情也是忐忑不安；抽到小羊的孩子们则是兴高采烈。站在远处的夫人眼见于此，知道最后的结果肯定是有一个扮演大灰狼，就赶忙走上前去对儿子说：等一下无论是抽到什么都很好，你看小羊乖乖有那么多，都不知道谁是主角；而大灰狼只有一个，一眼就认出来了，更何况这只是演戏，又不是真的坏人。儿子听到以后面露难色，只是焦急地等待抽签。

终于轮到儿子了，手气不错的儿子抽到了小羊。儿子高兴地一下子跳起来，和上前祝贺的小朋友搂在一起又蹦又跳。眼看着一个个的签底揭晓，最后只剩下好朋友“自由人”和另外两个小朋友。这时候大家把目光都集中在他们身上，可事不凑巧，“自由人”不幸抽到大灰狼，另外两个还没有来得及抽签的小朋友也是高兴得合不拢嘴。班级里热闹非凡，唯有一向沉默寡言的“自由人”躲在一旁痛哭流涕。还有几个小朋友上前来，吐着舌头扮着鬼脸，学着大灰狼的样子在“自由人”的面前转来转去。

面对小朋友们的讥笑，“自由人”更是无地自容。就在这个时候，儿子跑到“自由人”的面前对他说：不要哭了，咱俩换一换，你来当羊，我做狼怎么样？“自由人”连连点头，非常感激地说：我不喜欢做大灰狼，你真的可以和我换吗？儿子很认真地说：是的，我无所谓，反正是玩，何况当一只大灰狼也不错呀，还可以吃了你们。儿子一边说，一边做着大灰狼的模样，逗得“自由人”也哈哈大笑，就这样，同学们又打闹在一起了。

站在远处的夫人看了也非常感动，事后夫人问儿子：你为什么会这样做呢？儿子说：我们都是好朋友，在学校里，老师经常教我们要友爱。我不想看到好朋友伤心的样子，更何况刚才妈妈也说过要在生活中做个好孩子，我演大灰狼只是演戏，又不是真正的坏蛋。你看还可以吓跑你，说着就扑向夫人的怀抱。

## （20）不要粗暴拆穿孩子的谎言

望着渐渐长大的儿子，我的心里很是欢喜。可以毫不夸张地说，儿子就是我生活中的希望，也是我的开心果。有了天真烂漫的儿子陪伴，我对生活的信心增强了百倍，浑身也充满了活力。当然，孩子长大是我们一直期盼的，然而有时也有一些不如意的事情发生。特别是前一段时间，儿子不知不觉中就会说出一些与事实不相符的话语，然而每一次的不经意过后，儿子都会脸红心跳，还没有等我反应过来，他就自己赶忙加以纠正。

刚开始，夫人不以为然，鼓励儿子勇敢承认错误，哪知道儿子改的速度非常快，犯的频率也不慢。这就让我大为恼火，本来人非圣贤，孰能无过，更何况他只是一个小孩子。可是他有自己的想法，总是想把事情做得更加完美，想把事情粉饰成让别人喜欢的那样，可结果事与愿违，他不仅没有说得天衣无缝，反而漏洞百出。当谎言被揭穿的时候，儿子也是追悔莫及。比如：有时候，夫人问儿子是否刷过牙，儿子就会不假思索地回答道，刷过牙了。可是话音刚落，就感觉不对，马上加以改正。对不起，妈妈！我还没有刷牙。像这样的日常小事，真是令人又爱又恨。

当我们知道了儿子的情况时，便对症下药，有意无意地给儿子讲一些为什么不能说谎，以及说谎所带来的害处。无论是“狼来了的故事”，还是什么现身说法，都会让儿子喜笑颜开。让他认识到实事求是的重要性。特别是在实践中，我们都会不厌其烦地引导儿子不能说假话，果然功夫不负有心人，儿子很快就改正了缺点。通过这件事，我们深深地体会到，一个人难免会犯这样或那样的错误，特别是小孩子，他们其实并不知道谎言是令人讨厌的。如果能够让他们清醒地认识到问题的严重性，他们就不会那样做了。

实际上，小孩子犯错的时候并不可怕，可怕的是我们大人头脑不冷静，不能够合理地加以指导，否则会影响孩子的自尊心，使其产生逆反心理；甚至会让孩子将错就错。这样的结果是我们教育孩子的失败。所以，哄孩子学好是我们的责任，不能够本末倒置让孩子骗得团团转。小孩子的成长本身就是一个不断学习的过程，是要靠我们做家长的帮助，才能绘出人生的精彩，所以说小孩子永远都没有错。真要是有错的话，也是错在我们家长没有尽到责任，没有教好孩子。作为家长，你是否想过，应该多花点时间去了解自己的孩子，多花点时间想好解决孩子问题的方法。从自身做起，把孩子的教育当成自己的一门功课，不仅仅要求孩子如何如何，同样也要求自己更加上进。如果我们的功课取得了优异成绩，那么小孩子的教育也一定是优秀的，是给予我们最好的奖赏。相反我们自己都没有做好，怎么能够教育好孩子呢?

人非圣贤，孰能无过。让我们多一点耐心，多给孩子一点时间吧！让我们一起为了孩子美好的明天共同努力吧。

## （21）会哭的孩子有糖吃

朋友跟我谈起小孩子的教育就大吐苦水，觉得自己家的小孩子很调皮，难于管教，即使软硬兼施也无济于事，到最后孩子不仅没有驯服，甚至变得更加我行我素，让家长束手无策。在他们看来，这样的小孩子实在是顽劣不羁，只能让小孩子放任自流。

其实，问题的症结是由于家长平时对孩子的溺爱，他们不懂得用正确的方式去教育孩子，把一个好孩子培养成了说一不二的个性。本来小孩子在家庭中处于服从地位，家长处于主导地位，结果小孩子却成为家庭的主导者。父母一味迁就子女，经常哄孩子，持此以往，当然会哄出麻烦来。最后他们又无计可施，只好任凭孩子为所欲为。到这时，家长还是不知道错在哪里，觉得不是自己的错，当然，他们的借口也是五花八门，比如，我们家的小孩是男孩子，自然比女孩子难于管教；我们家的孩子活泼好动，经常惹事，所以不好教育；我们的孩子是三代单传，打不得，骂不得，所以无人能敌；我们的孩子生长于城市，顽劣不堪，所以难于调教；我们的孩子生长于乡下，没有好的条件，所以难于引导等等。

其实，这些都是站不住脚的托词，家长很少承认自己管教无方，总是把原因放在孩子身上。在现实生活中，家长管教孩子经常不得其法，让小孩子一错再错，养成了不好的习惯；也是因为家长不明事理，一味迁就，致使孩子养成唯我独尊，受不了半分委屈的毛病；更是家长没有以身作则，无形中给孩子带来一些坏影响。总之，问题是出现在小孩子的身上，而责任完全在于家长。

俗话说：养不教父之过，教不严师之惰。我们家的两个孩子不会哭哭闹闹，更不会无理取闹。在平时，我们对待孩子是宠爱有加，从来不会冷嘲热讽，或者打骂孩子。在小的时候，要让孩子拥有一个无拘无束的快乐童年。在遇到大是大非的问题，我们做家长的是绝不能给小孩让步的。我们这样做是为了让孩子从小明白一个道理：做事要有原则，做人要懂礼数。即便是在他们不懂事的时候，他们也知道瞎哭瞎闹是没有糖吃的，是解决不了实际问题，只有讲究方法，哭闹是孩子让父母妥协最有效的方法。比如：在孩子小的时候，我们就给他们立下了规矩，如果他们哭闹，我们就不去理他们，让他们自觉无趣。如果他们没完没了，我们也不会去打骂，只是把他们关在小屋里让他们深刻反省，直到知道自己错了，再放出来。我们一家四口在美国过了那么多年，不管是女儿还是儿子，都和其他的小孩子一样非常聪明，当然，也知道“察言观色”。当他们看见你是真的生气时，他们就会主动承认错误，希求你的原谅。

不过，需要注意的是，关禁闭一定要注意孩子的一举一动。儿子在刚进去的时候，会哭得很伤心，也不知道要怎么做才能被父母放出来。我们一般觉得孩子反省得差不多了，就把他放出来，然后好言规劝，帮助孩子明白错在哪里。久而久之，他自己就会很少犯错误。即使犯了，也会很快纠正。

没有人说性格外向的孩子不会读书，也没有人说内向稳重的孩子成绩一定出色，其实，只要方法得当，任何健康的孩子都可以成为品学兼优的学子。不然的话，再好的孩子遇到不懂方法的家长和老师也是竹篮打水一场空。实际上，小孩子活泼好动是一件好事，可塑性强，有利于成长。因为老师和家长可以及时掌握他们的心理动态，进而加以正确的引导。对于一个沉默寡言的学生，家长和老师却不一定能够对他们的心理做出准确的判断。由此可见，说孩子不懂事不好调教，倒不如说是自己没有耐心，缺少对孩子的耐心观察，是我们做家长一个不负责任的借口。要记住：会哭的孩子有糖吃，因为他能随时引起家长与老师的注意。

## (22)要及时引导孩子的学习兴趣

不少朋友都会遇到这样的问题，许多小孩子在学习的时候多少都会有点魂不守舍的样子。其实这是一个普遍存在的现象。小孩子生下来就天真、活泼、好动，怎么可能像老僧入定坐在那里一动不动呢?

其实，小孩子在学习的时候，一时走神很正常，关键是我们做家长的要懂得怎样调动孩子学习的积极性。有的家长可能会当头棒喝，让惊魂未定的孩子大吃一惊，收起跑出去的心，重新投入到枯燥的学习中。可能有的朋友会说：学习是一件快乐的事情，怎么可以说是枯燥乏味呢？我觉得如果孩子在学习过程中找不到他的兴趣所在，那么学习就是一件十分枯燥乏味的事情；如果小孩找到了学习的兴趣所在，那对他来说，当然是兴致盎然的事情。

当小孩从学习中慢慢失去兴趣的时候，家长却仍然坚持让他学习，这样的结果可想而知，对孩子来说，这样的学习是不快乐的，是痛苦的煎熬。家长不要搞一些强制性教育，众所周知，小孩子的学习兴趣是靠着日积月累养成的，如果对孩子的教育方法不得要领，就会适得其反，既然是学习，那总得掌握好的学习方法，不能够想当然把自己的意愿强加于小孩子的身上。古语曰：欲速则不达。学习是一件循序渐进的事情，拔苗助长的结果一定是得不偿失。这样非但不能帮助孩子养成主动学习的兴趣，甚至还会影响孩子学习的热情，到那时，家长惋惜都来不及了。

当然，无论女儿或者儿子，在学习上一心两用时，夫人总是根据孩子的特点，让他停下学习，然后给孩子讲一个让他感兴趣的话题，把他从烦躁中解脱出来，开开心心地陪着孩子玩一会儿，让孩子的精神重新活跃起来。玩得差不多了，夫人就会对孩子说：今天的作业还有多少没有写完，等一下要快一点写哦。这时候，精神愉悦的小孩子做起事情来就会事半功倍，高质量地完成学习任务。所以，我想，家长要教育好孩子，首先就要根据孩子的特点，设身处地根据实际情况，拿出一套有效的管教方法，这样孩子对学习才会充满兴趣。试问，一个做父母的，整天对孩子冷嘲热讽，甚至责骂体罚，这样弄得孩子哭哭啼啼，他怎么能静下心来认真学习呢？

所以，正确引导孩子学习，是开启孩子学习兴趣的关键所在。对于一些经常走神的孩子要做到循循善诱，不能一味地迁就，让他们能真正认识到学习的乐趣。只有这样，才能很好地帮助孩子收住心，让他们养成良好的学习习惯，才能够学习更多的文化知识。

## (23)孩子给我上了一课

记得那是一个春末夏初的时节，和风送爽，感觉好极了，我和几个要好的朋友一起去郊游，去放松一下疲惫的身心。那个时候，儿子还小，我看着儿子和几个小伙伴高兴地相互打闹，奔跑在绿油油的草地上，心中一股幸福的暖流立即涌上心头。临近午后，烈日当空，我们一行人返回到山脚下的宿营地，朋友们准备痛痛快快地犒赏一下五脏庙。大人们有条不紊地做着一些必要的餐前准备，孩子们还在不知疲惫地跑来跑去。这时候，儿子一头大汗地跑到我的面前，对我说，能不能给他一个方便袋。我急忙放下手中的事情一边找方便袋，一边问儿子要这个干什么用的，并且嘱咐他可不要随手乱丢。谁知一脸委屈的儿子偷偷用手指了指远处，几个打扮入时的同伴，然后小声说道：爸爸你看他们把垃圾随手丢的到处都是，等他们走后，我去帮他们收拾了，不然以后就没有人来这儿玩了。

儿子的寥寥数语犹如千斤铁锤，猛烈地击打在我的心上，让我一时不知道该说什么为好。想不到一个乳臭未干的孩子竟有这样的素养，只可惜我们这些表面一本正经的成年人却不懂得环境保护，的确令人羞愧难当。我们从小就开始天天喊着的那些讲文明、树新风的口号，到头来竟然是一堆干瘪瘪的空话！口号喊得山响的人，往往是最不践行的。

在生活中，我们会见到这样的一些人，他们把自己家里收拾得干干净净，可是一走到了外面却判若两人。他们乱丢垃圾，出口脏话；他们随地吐痰、大小便；他们在公共场所大声喧哗，不以为耻，反以为荣；他们在退房之时也没有忘记用枕巾把皮鞋擦得一尘不染；他们把垃圾从高楼随便抛出，不顾他人生命危险……真不知道这些人是怎么想的，我觉得每个人都有责任维护公共环境。想到这里，我忍不住把儿子紧紧地拉在怀里，为他擦汗。而后拍了拍他的肩膀，对儿子说：你先去玩吧，等一会让爸爸给他们拿过去。于是我走向了那几位看似非常体面的同伴，在不远处就跟他们打起招呼。当我走近时，便说明了来意，他们听后，原本还有说有笑的气氛仿佛一下子就凝固住了，大家面面相觑，一言不发。我清楚地感觉到有的人怒气冲天，有的人不屑一顾，更多的人是羞愧难当。还好有一位女士打破了沉默，一边笑着走上前，一边说：是呀，我们走得匆忙，竟然忘记了拿垃圾袋，您看现在连垃圾都没有地方搁置了，真的要谢谢您。

用过野餐以后，小孩子又玩了一段时间。眼看着到了傍晚，我们也该回家了。临行的时候，一位朋友把孩子们都召集在一起，认真地说道：稍后往回走的时候，我们把路边的垃圾收集起来，丢到垃圾桶里，我们一起来帮助别人爱护环境，好不好？小朋友们先是一愣，随即大声说好！儿子更是跳起来连声说好，好，好。于是大家一窝蜂似地跑出去了。

看着小孩子欢快离去的背影，我们喜不自胜。我在想：如果每一个人都乱丢垃圾，用不了多久，这里就会乌烟瘴气，那么，以后还有谁想到这个地方来游玩呢。只有人人都能够自律，多做一点奉献，少一些抱怨，从我做起，我们的生活才会更美好。

## （24）让孩子学会感恩

儿子邀请几个好朋友到家里来玩，临近中午，夫人忙碌着为他们精心准备了丰盛的午餐，几个小朋友有说有笑，好不热闹。当夫人把饭菜陆续端上餐桌以后，几个小家伙更是赞不绝口，有的小朋友称赞盘子真漂亮啊，太完美了。有的说筷子很精致。儿子也对夫人说：妈妈你做的菜真好，你太了不起了。大家你一言我一语把一个普普通通的午餐说得完美无缺，辛苦了一个上午的夫人听到赞美以后，心里自然是狂喜不已。

随后，小朋友们依次排队洗手，然后规矩地坐在桌旁。等饭菜都端上来了，在儿子的带领下，小朋友们有模有样地合上双眼，默默地向上帝祷告，感谢上帝的看护！赐予食物。夫人不停地为每一个小朋友开始分餐，小家伙们又是一番热情洋溢的赞美，并不时地问东问西，谢谢夫人的操劳。忙了整个上午的夫人尽管十分劳累，却不厌其烦地为每一个孩子解答疑问，此情此景温馨浪漫，夫人觉得再苦再累，心里也是美滋滋的。

记得有一次，我应朋友的邀请去他们家里做客，遇到其他几位受邀请来的朋友们，便同他们神侃一翻。到了晚餐的时候，主人让新老朋友不要拘束，随意用餐即可。于是大家二话不说，很快就进入了角色。朋友的孩子也围坐在一起，这时他却并没有急着吃饭，而是一个人把眼睛闭上，垂下头默默地开始谢饭祷告。众人正在不知所措之时，朋友大声责备小儿子：谢什么神？要谢也应该谢谢我。是我在养活你，供你吃，供你穿，供你上学，神在哪里？以后不要再谢神了，要谢就谢我，哈哈哈。

朋友当场的一顿说辞弄得小儿子面红耳赤，一时无言以对，在大家注视下连饭也没有吃，一个人跑回了房间。儿子走后，那位朋友仍然大言不惭，侃侃而谈。回到家里，我和夫人再次谈论了这件事，我说道：真没有想到天底下竟然有这样的父母，自己的儿子那么积极向上，他不仅没有表示高兴，相反大放厥词，冷嘲热讽。难道他真希望自己的孩子和他一样毫无修养，以至于不学无术，一生碌碌无为吗？夫人也觉得这位朋友对孩子那样说话，做得实在过分。

我也听说这样一个故事，有一位宅心仁厚的先生，某天他想去帮扶贫困家庭的儿童，于是他托人代为寻找要帮助的人，没多久就找到了许多人。这位先生就亲笔给每一个人写了一封信，寄了一本书。过了几天，一部分小朋友就陆陆续续地给他回复了感谢信。而其他孩子则迟迟没有回复。过后，这位先生就选择了给他回复的那些孩子作为帮助对象，而没有去帮助那些没有回复的孩子。他这样做就是对他回复的人怀有一颗感恩的心肠，所以他一定要帮助那些知恩图报的人。

由此可见，一个人的能力实际上是微不足道的，是要靠感恩的心才得以坚强。无论我们自己做了多少微不足道的事情，教育孩子一定要拥有一颗感恩的心。

## (25)让孩子明白好事多磨

晚上，我们一家人陪着儿子去学校参加一个晚会，家长们陆陆续续赶到了学校的大礼堂。孩子们是今天的主角，他们打扮得花枝招展。那场面也是相当温馨，在老师热情洋溢的开场白后，小朋友们开始井然有序地登台表演，他们有表演唱歌的，也有表演弹奏乐器的，还有的出演舞者，个个都演得有模有样，表现得活泼可爱!

儿子也是不甘人后，随着欢快的音乐节奏，他一曲稚嫩的甜美歌曲不知道迷倒了多少小朋友，赢得了众多喝彩。可惜我们没有像其他小朋友一样，提前准备好鲜花。就在儿子一曲将尽的时候，还是他的好朋友给我们解了燃眉之急，献上为自己准备的鲜花，让我们感动不已。真是好温馨啊！其中也有一些很有意思的小插曲，有位小朋友到了登台表演的时候，怯场了，无论如何劝说，他都是不肯上台。还有一位小朋友上了台，一时不知如何表演，观众发出掌声，他也没有动静，后来在老师的耐心安慰下，回到了家长身边。其实这些小插曲不仅没有影响晚会的热烈气氛，相反还带来了更多温馨的场面。

这让我想起以前刚上小学四年级的女儿，那时候她刚来美国，恰巧赶上学校准备举办晚会，只不过那一次的表演以演讲为主，要求每个来自世界各地的小孩子用英语和母语为大家讲个故事或者说说自己的感想。过后，女儿每天放学回家，第一件事情就是对着镜子做模拟表演。从开始拿着演讲稿，一直到脱稿演讲，女儿竭尽全力地准备着。我当时就在想：用母语演讲是女儿的长处，即使说得文不对题，也没有什么关系，因为台下的众多听众，能够听懂中国话的只有少数的几个人。如果用英语来演讲，那可是女儿的软肋，因为她刚刚来到美国，英语的口语水平实在是不值一提，要是怯场什么的，台下观众更加听不清楚。那样可就出丑了，我主要是担心此次演讲，弄不好会影响女儿的自尊心。

就这样，我在担心中迎来了女儿的演出，当时，整个学校张灯结彩，热闹不已，许多家长很早就来到了学校大礼堂，各路朋友相互交谈着，等待着精彩的汇报表演。很快在主持人的庄严宣布后，表演开始登场了；每个小孩子的闪亮登场都会带来雷鸣般的掌声。毫无疑问，所有的孩子都想把自己的节目演好，也都为自己的节目而努力。当轮到女儿出场的时候，我们也为她捏了一把汗，心里合计着：女儿的英文能够应付如此热闹隆重的场面吗？此时，女儿很快就站到了舞台的中央，她先是向所有的来宾简单介绍了自己，然后又开始用中文发表演讲，整个过程从容不迫，并且她是今天所有演讲者当中唯一没有拿着演讲稿的孩子，这让所有的观众都为之喝彩。其实，我们自己更知道女儿的进步，她来美国还没有几天，就语言障碍来说，比起那些土生土长的美国小孩子不知道有多困难。不一会，女儿又用英文把中文的故事向所有的来宾又复述了一次，而这次更是得到了雷鸣般掌声。此时此刻，我的内心深处也是无比激动，作为女儿的父亲，我感到无比自豪。就这样，当校长亲手把荣誉证书交到女儿的手中时，我们看到女儿脸上挂满了灿烂的笑容。

通过这次活动，我们大开眼界，发现小朋友们真是才华横溢。总结起来，他们都有一个共同特点，那就是自由发挥，不搞那些做作的东西给我们看，让家长也能看到孩子最真实的一面。从那以后，老师和家长对孩子们，那可真是刮目相看。在观看孩子的表演活动上，我们又发现了另外一个问题：许多亚裔小朋友的家长比其他地区的家长表现得更有耐心。他们更重视对孩子健康体魄的培养。比如说，有一位小朋友从两岁就开始学习游泳，到现在每周都坚持这样，虽然他还没有学会游泳，可是已经非常喜欢玩水了，这可比起前几年他连水都不敢沾的状态好多了。同样，儿子学骑自行车也是如此，对他来说，尽管非常艰难，可他依然硬着头皮想把它学会。

实际上，让孩子学会一样新东西，确实不能操之过急，应该给予孩子足够的时间，让他们真切体会到学习的乐趣。这样，他在以后的学习中，才会认识自己的不足，进而全面提升自己。

# 第三辑

# 爱是上好的教育

我们都知道一句话：知子莫如父。我们都喜欢和孩子做好朋友，希望能和他们在一起坦诚地谈话，这样我们跟孩子才不会有那么多的代沟。当然在小时候，我们自己也希望有过这样的经历，但又有多少父母能够体会儿女的心情呢？时过境迁，如今，我们作为父母，对孩子不会再用老一套的教育方式，会用浓浓的爱来浇灌儿女敞开的心扉，培养孩子积极向上的意志，希望在前进的道路上，引导孩子走向健康的未来。

## (1)母爱是孩子自强不息的动力

有段时间，儿子得病了，得的还是大病，这对于我们全家来说犹如晴天霹雳。因为我们来美近二十年以来，那是家里有人第一次住院，第一次打点滴，情况自然是不比往日。幸好经过了一个星期的入院治疗，儿子终于过了这一个关口，身体又健康起来了。

不过那件事还是让我们得到一些感悟，以前我们对自己的身体健康从来也没有放在心上，总是认为生死有命，富贵在天。老天让今天死，我们也活不过明天，大有视死如归的气魄。可是这病一轮到孩子身上，情况就不同了。孩子毕竟是我们的下一代，真地要照顾好。

从医院回来，儿子美美地泡上了一个热水澡，洗去一身的疲惫。吃过午饭后，又看了一会电视，然后一个人不吭不响地回到了自己的房间，关上门，坐在床上看书。过了很久，夫人没听见儿子的声音，以为他睡着了，就推门进去，却发现儿子正在房间里看书。夫人激动不已，对儿子说：儿子啊！你的病刚好，看书不要太久了，医生说过你一定要多注意休息。要在往日，儿子定会大发雷霆，不过这次倒是很乖。

夫人忙了很久，身体也很疲惫，就躺在沙发上休息一会儿，不曾想就睡着了。等醒来的时候，看到儿子还在写作业，夫人就赶忙走到儿子的身边，发现儿子还有很多作业没有写。于是对孩子说：你的病刚刚好，医生说要多休息，不要再学习了，等病彻底好了以后，再学习吧。儿子摇头说：我这两天落下很多作业，我要想办法补上去，何况我现在还不累，还可以继续学习。夫人也只有无可奈何了。大约又过了一个小时，夫人见儿子还在写作业，就走了过去，看见儿子正在写中文作业，于是对儿子说：你的中文作业不用写这么多，因为老师知道你生病了，不会责备你的。并且现在你已经学习了这么长的时间，应该去休息了。可儿子还是不为所动，轻松地耸肩说：我不累，可以把它们都写完。妈妈您可以帮我剥一个橘子吗？就这样儿子一边学习，一边吃着夫人送到口中的橘子，真是羡煞我了。

作业终于完成了，儿子和夫人都松了一口气，可是儿子现在还想和夫人打闹，他的精力真充沛！说了这么多，我也在想：儿子的学习热情和动力来自于哪里啊？他为什么会这样做呢？我细细想来，觉得母爱给了他无尽的呵护，让他能有一颗淡定的心去面对任何问题。所以，我要说：全天下的父母们，请多给孩子们一些关心和呵护吧！

## (2)父母的心永远为孩子悬着

儿子渐渐长大了，以前很多事情都想不明白，现在他知道的好像比我们还多，也变得更加懂事了，也能帮助夫人做做家务，看起来像一个小男子汉。孩子有这样的变化，我们都很高兴，毕竟夫人在很长一段时间内对儿子都是宠爱有加的。其实，夫人怀上他的时候，算是一位高龄产妇了，能够生出一个这样健康可爱的小宝宝，更是不容易。所以生出孩子之后，她对这个儿子疼爱有加。在夫人眼中，儿子就是希望，更是自己的荣誉和骄傲。当初生女儿的时候也是如此。

记得儿子出生后，夫人待他犹如掌上明珠，唯恐有一点点的闪失，生怕亏待了这个小心肝。现在儿子知道感恩了，对妈妈的宠爱投桃报李，整天围着夫人的身前背后，讨好夫人，常常使得夫人开心不已。

夫人经常会说这几句话：我的大宝儿，这是老天给我的最大的礼物和恩惠！我要全力以赴宠着我的心肝宝贝，如果我不宠他，那还有谁来宠他。我们不一定能给他一个美好的将来，但是一定会竭尽全力给他一个美好幸福的童年。等他回首往事，至少他能感觉到童年是温馨而快乐的。夫人说的这几句话没想到真的付诸实施了。比如：儿子到了三岁，按说这个年龄的孩子应该断奶了，可是他仍吃着夫人的母乳；而且儿子吃奶已经影响了夫人的身体健康。对此，夫人也不觉得有问题，不想让儿子把母乳戒掉，她认为自己的奶水虽然已经不能够完全满足儿子的生长需要，可还有其他的婴儿类食品可以补充儿子所需营养。再说强制儿子断奶，儿子会上火，也会生病。这样反反复复找到了戒掉母乳的许多方式，可是竟然找不到适合儿子的方法。

假如儿子有个头疼脑热或是精神上萎靡不振，夫人知道后，就会很着急；要是孩子生病了，夫人会不分白天黑夜地呵护在孩子身边，直到孩子的病情好转，夫人才放下一颗悬着的心。有时候，孩子好了，夫人却累倒了，尽管那样，夫人也没有减少一丝一毫对孩子贴心的关爱。对于儿子的戒奶，尽管我们也很舍不得，尤其是夫人，最终我们花费了很大力气才解决了这个难题。

儿子从小就是妈妈的小跟班，开心果！无论是在学习上、玩耍中，只要是妈妈说的，儿子一定马首是瞻。时光飞逝，如今儿子已经快八岁了，这些年来，夫人不知道费了多少心思。这让我不知不觉地想起了妈妈的养育恩情，想到我现在还没有在母亲跟前尽孝，内心很是愧疚。树欲静而风不止，子欲养而亲不待，就是我此时此刻的心情，这也提醒我们无论何时何地都不要忘了自己的根。

母爱是伟大、无私的奉献！因为有了这份爱，孩子才能从小树立起积极向上的自信心，培养孩子的感恩心态，可以影响孩子的一生。

## (3)我和儿女是挚友

冰冻三尺，非一日之寒。女儿和儿子如此听话懂事，是与夫人平时循循善诱的教育分不开的。我们几个人在一起的时候就像是最好的朋友，知无不言，言无不尽。八岁的儿子偶尔也会撒娇，玩得累了，躺在床上大呼小叫：妈妈！我的腿痛了，快来帮我按摩一下。这时候夫人总是立即施以援手。按了这里再按那里，从腿上按到肩膀，按的是不亦乐乎。可到最后儿子还说痛。夫人只好再贴上一块创可贴，等贴好以后问儿子的感觉。他就会立即说现在好了，既不痛也不痒。像这样的用疼痛来撒娇的事例真是很多，不过我们都是极其欢迎的，因为这种方式可以让孩子发散思维更加敏锐。

当然，儿子也不会放过我的，有时就会听到儿子大声地叫我快去，我也毫不犹豫地放下手中的事情，跑到儿子面前，问他什么情况。儿子可能会说：可不可以背他去楼下的卫生间，这一下把我搞得一头雾水，不由得问道：尿急为什么不用楼上的卫生间。儿子先是笑着，然后说道：我还想在楼下玩一会玩具。明白后，看看手头的事情又不是很着急，于是心甘情愿地背起儿子向楼下奔去。其实，在我们家里，这样温馨的亲子场面屡见不鲜，也难怪夫人待儿子犹如掌上明珠，把儿子的事情看得比什么事情都重要。当然，儿子也很善解人意，经常把妈妈哄得笑口常开。有时候他还偷偷对我说：咱们都不要让我妈妈生气，妈妈说的是对的。

而女儿呢，那就更不必说了，本来俗话说：姑娘是妈妈的贴心小棉袄嘛。平时我常年在外工作，家里的许多事情都由夫人担当，所以，女儿除了正常的学习以外，还会挤出时间来帮助夫人做一些简单的事情，比如：帮助照看年幼的弟弟等等。这样就减轻了夫人不少的生活压力，使其腾出更多的时间做其他事情，而不必因为我不在家而烦恼。特别是在夫人身生病的时候，女儿洗衣做饭，跑前跑后，宛若个小大人。儿子呢，也学着姐姐的样子，端汤送药，问寒问暖，让夫人感动得热泪盈眶。其实，这就是教育方式的魅力所在，更是维护整个温馨家庭的关键之处。

## (4)梦中的启示：满足孩子养乌龟的心愿

儿子一放学回家，就高高兴兴地对夫人说：我要养一只小乌龟！结果遭到夫人的一口回绝。夫人不同意的原因很简单：你现在养着两只狗，养着六条鱼，还要养只小乌龟；你都喜欢，但是自己却从不打理，这些事情都是我一直在做。现在我的时间已经安排得非常紧凑，再也挤不出半分钟时间了。

对此，儿子有些伤心，因为他很羡慕同学家里养的那几只漂亮的小乌龟。所以，也想有一只自己的小乌龟，可是夫人却没有答应。晚上儿子睡觉时，做了个梦，事后竟然坐在床上发起了大水。

第二天早晨，儿子起床很晚，原来生了一场病。看着病怏怏的儿子让我这个当爸爸的非常难过和担心。为了鼓励儿子早日康复，我对儿子说：你要好好听话，等你病好以后，我要送给你一个礼物。果然不出所料，儿子听到以后精神一振，脱口而出“是小乌龟吗？”我不觉一愣，原来儿子这几天对小乌龟还是念念不忘。回过神来，我对儿子说：到时候你就知道了，现在先不告诉你。儿子听到后非常开心。

之后，我就开始四处打听哪里可以买到小乌龟，结果功夫不负有心人，终于让我找到了。我也高高兴兴地把这件事告诉了夫人，结果夫人还是那一句话：答应孩子的事情不能食言，一定要兑现，但是千万不要买小乌龟！我急着争辩说，现在他喜欢的是小乌龟，给他别的礼物恐怕他未必喜欢。这时候我想，我小的时候，也有过类似的经历，神不守舍不为别的，只是为了得到心中渴望已久的一只漂亮的小鸟。想到这，儿子渴求的眼神似乎在我眼前晃来晃去。是买一只小乌龟送给爱子，还是谨遵妻命？一时之间，我进退两难。因为两头都重要，我都得罪不起！想着想着，我也好像是要生病了，头重脚轻有气无力，大白天竟然不知不觉地睡着了。而且做了一个梦，在梦里我遇到了许多奇思遐想：我清楚地看见了一脸高兴的儿子，手捧着他喜欢的小乌龟，一边蹦蹦跳跳，一边欢快地歌唱。然后看见儿子一手拿着小乌龟，一手搂住我的脖子，在我的脸上狠狠地亲了一口，然后认认真真地对我说：爸爸，你是一个最好的爸爸。后来我和儿子一起喂小乌龟，又一起给鱼缸换水清洗……而后看见夫人站在海边，不时地对我说：嗯，你们父子两个做得真不错……

终于从梦里走出来了，我醒来时，脸上还在笑，后来发现自己已经回到了现实，我明白现在是应该继续循着梦中的脚步，继续在现实生活中实践梦想的时候了！

## （5）发掘孩子的内心所爱

看到这个话题，你可能情不自禁地大吃一惊，教育孩子是个严肃的话题，怎么可以说多试试呢？其实我只想说，我只是一个普通人，没有那么多先见之明，所以也不会搞那么多的算计，更何况教育孩子大多是年轻父母的事情。所以我觉得要鼓励孩子多尝试，以此引导孩子。

当然，虽然我们朝着这个方向一直在不断努力，然而结果有时往往并不如人意，反而有时候适得其反；另一方面，当我们认为已经到了山穷水尽之时，却又能峰回路转、柳暗花明。因此，对于孩子的教育，即使由于我们一时的疏忽，或者一点点的懒惰对孩子的学习督促稍有松懈，也并不见得是一件坏事，至少这可以让孩子多轻松一会，多展示一下自我。总比苦苦相逼、没有学习效率好上许多。

“学习不能只追求分数，追求的是真正学懂、投入和喜欢。”在孩子的学习成长中，兴趣对他们来说至关重要，没有好的兴趣，孩子的学习是无论如何都提升不了的，只有足够的兴趣，才能对学习有足够的热情，以后才能做得更好。社会活动是培养孩子兴趣的地方，要鼓励孩子多尝试，多参与。我记得以前女儿在上高中的时候，曾想过长大以后当医生，于是参加了一些医学实验的活动，谁知她看到医学解剖，心里很不舒服，试了几次，最终还是放弃了。其实这就是鼓励孩子多去尝试兴趣，因为我们也不知道孩子到底对什么感兴趣，只能让他们去尝试，在尝试中他们也会逐渐加深对自己的了解。

当然，孩子的兴趣也会随着时间而改变。女儿来美国之前就喜欢画一些水墨画，1997 年还参加香港回归怀燕杯书画大赛，得了少年组二等奖。但来美以后却改变了，她更加喜欢卡通画、素描、油画。女儿每天放学回到家里，除了完成学校老师布置的作业，就是根据我的要求继续学习国画，刚开始的时候，由于我的粗心大意，再加上我的工作又很忙，常常出差在外，根本没有发现孩子更喜欢卡通画，也没有设身处地地去想：在她的同学当中，大家都喜欢什么！后来我检查女儿的“作业”时，发现画得国画并没有进展，倒是卡通画画得水平相当不错。我这才恍然大悟：孩子不是不喜欢画画，而是喜欢另一种风格。从此我们再也没有督促她画国画，而是让她画自己最喜欢的卡通画。

直到现在，女儿进入大学了，还是对学习卡通画保持很高的兴致。而我的一位朋友却没有我那么幸运，他们夫妇俩都是博士，文化底子自然扎实，他们有一个非常聪明、学习成绩很不错的儿子。那位朋友酷爱小提琴，于是不假思索地也让孩子学习小提琴，并且每周不辞劳苦地开车两个多小时，送儿子去另一个城市学习小提琴。一晃几年过去了，他的孩子不负众望，小提琴的水平已经达到了炉火纯青的地步，然而在他即将上大学的时候，他吐露埋在心里多年的秘密：他并不喜欢小提琴，每一次拉琴的时候，他的心早已随着音乐奔驰在绿茵草地上了。到了大学，他再也没有去碰过小提琴，而是整日奔驰于足球场上。想一想如果从一开始，他的儿子就踢足球，凭着热情和天赋，到现在可能会有更大的发展，那样父母、子女都会很高兴，而不至于像现在，把以前学习的小提琴都荒废了。我的另一位朋友，他有一个非常可爱的女儿，在她上最后一堂中文课的时候，老师要她说几句话，她站起来说了一句很令人吃惊的话语：我今天特别高兴，因为我再也不用来学习了。老师听到以后非常地伤心，因为他觉得他这几年辛辛苦苦义务帮助小孩子学习中文的努力全都付诸东流。可是当他看到小孩子热情洋溢的笑脸时，也为小孩子妈妈的决定感到高兴，毕竟强人所难是不会有好结果的，因材施教才是硬道理。

## (6) 拒绝歪风陋俗，须从孩童时做起

中午，我们一行人在一家餐馆用餐。在我们等餐的时候，门外传来了大声喧哗的打闹。原来一男三女领着四个年龄大约在三四岁的小女孩，旁若无人地说笑，他们陆续地走了进来。被领位带到了我们的临近座位，大人还没有坐好，这四个看似很小的顽童，就急不可待地东躲西藏，把这家餐厅闹得沸沸扬扬，让所有人不由得侧目而视。

仔细看，他们和我们一样，都是亚裔人，这时候我们潜意识觉得自己很尴尬。他们在公共场所不顾他人的感受，我行我素地大声喧哗，影响别人就餐的情绪。服务生过来为他们点菜的时候，这几个大人更是声如洪

钟，大声嚷嚷地说着自己喜好的菜名，唯恐旁人听不到。在公共场合大声喧哗，一点也不顾及自己的形象，也不顾及别人的感受。可是，大家都有爱心，没有必要和几个乳臭未干的孩子过意不去。本来大家是出来享受生活的，不曾想遇到这么一群人。就餐的情趣自然一落千丈。就连我们这些坐在一旁的亚洲人也都如坐针毡，感觉脸上被人狠狠地掴了一巴掌，浑身上下不是滋味。

有些人刚来美国的时候，还知道遵循社会道德规范。可是时间长了，身上的陋习就显露出来了。这样的行为不加克制，对于他们本身倒也罢了，可是这种坏习气会影响到他们的孩子啊！如果孩子也像他们一样毫无公德心，所作所为不符合大众观念，那么我相信他们一定会被社会所排斥，绝对不会得到别人的尊重。要想得到别人的尊重，自己首先要用心去尊重别人。尊重别人，首先要遵守社会公德。我们要注意并改正日常生活中的不良行为，维护良好的社会风气。损害公德的行为不仅仅关乎自己，更会影响到他人，进而影响整个社会，特别关系到我们的子孙后代。

因此多培养自己的公德心，多给孩子留一些得体的行为举止。

## （7）别让孩子受委屈

任何孩子都会有哭泣的时候，对我来说，每次一想到儿子受了委屈，哭得像泪人似的，那种疲惫不堪的样子，真让人心碎。我有时不由得扪心自问，这么小的孩子究竟会有多大的错，要这样对待他。男儿有泪不轻弹，只是未到伤心处，究竟有多少委屈让儿子伤心欲绝，即便是铁石心肠的我也感觉到心如刀绞。

小孩子在羽翼未丰的时候，在家里要依靠大人的关心和照顾，这时期的小孩子，一般情况下，应该是处于被动服从性，而家长在此时处于主动支配地位。在这种情况下，小孩子在家庭生活中一定会或多或少地受点委屈。当然也有的小孩子人小志气大，在家里经常呼风唤雨、称王称霸！这样的话，这些孩子的委屈就不敢恭维了。实际上，小孩子在家里大多会受到什么样的委屈呢？我认为最大的委屈就是不信任。当孩子和家长因为某一件事情产生误会的时候，小孩子受到了不公正的对待，甚至产生怀疑的时候，小孩子受到的就是天大的委屈。他们欲诉无门。而在这个时候，有的孩子会选择顺从家长，而有的孩子会产生逆反心理、消极对抗。不管怎么说，这样的做法对孩子的心理健康会产生负面作用，会影响家长和孩子之间的良好沟通。

有的家长常常自以为是，总是认为自己是正确完美的，当孩子做错事情或者事情做得不够完美，家长也没有把事情往好的方向去想，常常冷言冷语、怨声载道，认为孩子这也不是那也不行，搅得一家鸡犬不宁，这样使孩子对家庭和社会逐渐失去信心，对生活慢慢产生厌倦感。久而久之，不利于小孩子的健康成长。

其实，这个时期的孩子，年龄还小，无论是从心理素质还是言行举止，尚处于开发培养阶段，需要家长循序渐进地因材施教，切莫拔苗助长。在这种情况下，家长要能够换位思考，时刻提醒自己心急吃不了热豆腐，欲速则不达，也不失为一种上策。

有的时候，家长或老师不知道什么原因，自己受到了委屈，他们不懂得忍耐和冷静思考，也不理解他人的心情，常常莫名其妙地大发雷霆，把自己的不满情绪转嫁到孩子的身上，搞得孩子一头雾水，不知道自己究竟做错了什么事。像这样迁怒于人的行为也会让孩子饱受委屈，有口难言，有理难辩。

错误的原因多种多样，而能够一针见血地认识错误的本质并不是一件容易的事情，这需要长期的调查和思考，而且在实践中不断总结经验教训，并不是一朝一夕的事情。所以当我们要求孩子做深刻检查的时候，自己也应该有一个反省，能够重新认识问题，不搞独裁制，多听听孩子的声音，更不要急着下定论，免得冤枉孩子。如何减少大人给孩子造成的委屈呢？我认为和孩子多接触、交朋友是最重要的方法。

我觉得，只有和孩子坦诚相见，才能够了解孩子的内心世界，孩子也能够了解我们，对我们也会产生更多的亲和力。相反如果在孩子面前总是摆出一副高高在上的臭架子，让孩子从心底里就产生望而却步的敬畏，我们怎么能够了解孩子的内心世界，而加以正确地教育呢？精诚所至，金石为开，只有我们将心比心，与孩子做无话不谈的好朋友，相信任何事情都会迎刃而解的。

## （8）“一俊不能遮百丑”

前几天，有个朋友打电话问我，向我透露了一些埋藏在心里很久的秘密。这个朋友本来不想说这些事，毕竟这是家事，可是后来他的精神压力越来越大，忍不住想找个人说一说，求得精神上的解脱。事情是这样的，这位朋友一直东奔西跑，常年在外工作，家中两个孩子就交给了太太照看，近年来他总感觉与孩子沟通的语言越来越少，与太太也少了很多共同话题。

人生如匆匆过客，不惑之年的他为了养家糊口，背井离乡，四处漂泊，成了一部赚钱的机器。而每一次短暂的相聚，一回到家里，他总感觉好像是住在客栈。虽然他的孩子非常可爱，学习成绩也特别优秀，但是父子感情的距离却愈来愈远，孩子们对他总是不冷不热，常常无视他的存在。其实，在孩子们的心里，这个家没有爸爸已经是习以为常，只要有钱拿回来就什么都不重要，重要的是这个家有一个爱他们的好妈妈。

他常常渴望每天能够和孩子打电话唠上一句家常话，可每每事与愿违。他知道每周工作 25 个小时的太太照看家里不容易，可是很难想象太太究竟是为什么，常常是忙得不可开交，甚至在电话里与丈夫通话一分钟的时间都没有。他开始对家感到厌恶，唯一能够给他带来快乐的是家里那条狗，它一看到男主人，就摇头摆尾地凑到跟前来，让他感叹狗的可爱。

他对这个家越来越失望了，原本与他无话不说的妻子，对他的感情是渐行渐远，原本是亲密的父子，现在孩子对他仿若陌生人。他时常会做这样的梦：一个劫匪挟持他的孩子，在跟他讨价还价，然后孩子帮助劫匪数钱。现在，他常常想原来活泼可爱的孩子，为什么现在对他不理不睬，他想知道为什么孩子对老爸六亲不认。他想知道，尽管孩子学习优秀，像这样连老爸都不认的他们，以后走向社会将会是怎样的结果。其实他心知肚明，只是不愿意多想也不敢想。对于孩子的品德教育，他失败了。他不应该为了蝇头小利而四处奔波，远离了家庭的温暖以至于一错再错。

最后他终于明白了一个道理："一生儿女债，半世老婆奴。"是错在不应该漠视这些看起来不起眼的家庭琐事，终至酿成苦果。是错在不应该视而不见，一个和睦家庭必须坚持的温馨，家和万事兴。更错在对孩子的教育不应该一忍再忍，将错就错，尽管他们学习优秀，然而，一俊岂能遮百丑？

## (9) 谁知寸草心

如果每一天喋喋不休地对着孩子指指点点，我们是否有想过他们会听这些唠唠叨叨的话语吗？换做我们自己又会如何？

我们是否会大声地说：

爸爸妈妈请你们不要再说这些无济于事的话了，你们要想让我怎样做才好，你们就应该先给我做一个示范。不要每天讲那些听起来很美妙，却不切合实际的大道理。从你们的一言一行，就可以说明这些话都是空洞的，为何不言传身教，给我做个样子看看呢？你们要求我做的，在你们童年的时候，是否真的比我做得更好？那个时候你们的爸爸妈妈是否也对你们表示过失望，你们是否还记得，当承受巨大压力的时候，你们对爸爸妈妈是否也会深怀抱怨呢？为什么你们会把自己当年的痛苦一股脑儿忘得一干二净，时过境迁又转嫁到我们的身上。

我不是天才，而是一个普通人，至少从你们的身上就可以证明。在我的血液里流淌着再也不能有的平凡。可怜的天下父母啊，为了你们望子成龙的美梦，我却做了无辜的替罪羊，去做那些连天才也干不了的傻事，这究竟说明了什么。你们有时变戏法似地出一些鬼点子，把自己未完成的梦想生硬地嫁接在我身上。即便是这样，我也会竭尽所能地忍受，可是这种一厢情愿的梦想能成功吗？如果是成功了，你们自然欢天喜地，我也幸运地逃过一劫。如果是失败了，我就成了一无是处的牺牲品。

你们把自己无法实现的梦想嫁接于我，你们可以安心地工作和生活，而我却从此愁眉不展，试问这样的我还能做好事情吗？你们烦恼的时候，可以抽一支烟，喝点小酒，打打麻将，跳跳舞。而我烦恼的时候，你们却没有看到我内心的苦恼。虽然我羽翼未丰，可是我也会思考，不坦诚相待，不真诚沟通，你永远也猜不到我的心漂在何方。

你常常对我说近朱者赤，近墨者黑，可我有时看你也是劣迹斑斑啊，于是我对你若即若离，敬而远之。我每一次承受你的拳打脚踢过后，都会很迷茫，难道真的只有打是亲、骂是爱吗？我究竟来自何方？我是一个不懂世故的孩子，难道你们也是永远长不大吗？每一次你对我说脏话的时候，你知不知道，这样会伤害我的心灵，模糊你在我心目中的美好形象，我真的感到很灰心。

我们不要去做那些高不可攀的事情，可以吗？这些嫁接的梦想，不是对我的鞭策，而是对我无情的打击。消磨了原有的积极性，让我对生活恐惧以致逃避。其实，我多少次都梦想着远走高飞，去追求我理想中的童年。我不想自己重复你昨天的故事。那个时候，你们不也是富于幻想吗？为什么今天你们对我的管教，不能尝试用一种新的方式呢。

如果我来做父母，我就不会把你们自己不喜欢的事情强加在你们的身上，我会聆听你们的心声，辨明是非，然后引导你们快乐地学习。我会把我喜欢的事情毫无保留地与你们分享，我们大家一起开心地过日子，毕竟快乐的人生才是最重要的。

爸爸妈妈！我从不奢求你们溺爱我，但也不希望爸爸用暴戾的表情吓得我战战兢兢。我只希望无论发生什么事情，一家人能够和和睦睦地在一起。

这是一个孩子发自内心的真诚呼唤，确实，我们做家长的，很多时候并没有考虑到孩子的想法，以至于给孩子的心灵造成了很大创伤，我相信，任何看了这份孩子独白的家长，内心一定很有触动。

## （10）要不时地赏识孩子

古有伯乐相马，说的就是千里马常有，而伯乐不常有。这种耐人回味的佳话流传至今。所以，我们周围的孩子有很多是千里马，只是我们没有发现他们的眼睛，不懂得开发孩子的潜能。

其实，赏识别人的长处是一门艺术，只有虚怀若谷的人才懂得其中的三昧，并乐在其中，就像伯乐一样，不然纵使千里马摆在眼前，而没有伯乐也是惘然。

在生活中我们也常常说不怕货比货，就怕不识货，其实也是这个道理。许多人懂得自我欣赏，欣赏自己的完美无缺。然而他们却看不到别人的优点，总是自以为是，更有甚者嫉贤妒能，打压千里马，不让其出人头地。圣人说：三人行必有我师。只有真正懂得赏识别人，才能得到更多的尊重，不懂得赏识别人是一件多么可怕而悲哀的事情。

姑且不论其他，只说我们在生活里对自己孩子的尊重是否足够，是否懂得赏识并培养他们的长处。每一个小孩子像花朵一样天真可爱，茁壮成长的他们是需要爱心的哺育；如果没有阳光普照，他们得不到关怀，精神一定会萎靡不振。无论这些孩子有多么积极向上的热情，如果得不到正确的爱心浇灌和鼓励，他们也会在恶劣的生存环境里，被消极的情绪所淹没直至枯萎。

其实，小孩子更加渴望得到别人的认可和赏识。特别是来自父母的宠爱，无论他们在外面遭遇怎样的风吹雨打，在他们眼里，家是最可靠最温馨的港湾，他们只要回到家里就会忘记种种的不如意，重新燃起希望的火花，雨过天晴之后，他们会更加坚强。许多时候，小孩子反感父母的冷嘲热讽，他们需要的是理解、关爱和肯定。

家长在赏识孩子的同时，其实也是自我素养的提高。孩子在你的关照下有了进步，你也有了提升，也会赢得更多认可和尊重，孩子也会对你更加尊敬。与其说这一份爱没有理由，倒不如说一分耕耘一分收获。小孩子得到父母的赏识，不仅仅可以使他身心健康，还可以增强他战胜困难的勇气。

毫无疑问，良好的家庭赏识教育是小孩子积极向上的动力源泉，也是需要持之以恒的大爱来浇灌。谦卑是美德，赏识是艺术。每一个人或多或少都有自己的长处，只要我们根据实际情况，对孩子进行循循善诱、因势利导，相信小孩子的明天会更加美好。

# （11）让孩子知道幸福在哪里

吃过午饭，我们一家人漫步在林荫道里，夫人和我不经意地说起了一个刚结婚的朋友。我们在谈朋友婚后生活是如何幸福美满，走在前面的儿子突然回身，仰起头，一脸困惑地问道："爹地，什么是幸福？"面对儿子突如其来的提问，我一时不知所云，只好简单地回答了儿子的提问，一家人说说笑笑，继续向前走去。

晚上回来，躺在床上翻来覆去睡不着，自然想起了白天儿子问我的问题，思考着什么是幸福。

当你能够感觉到浓浓的爱时，你就在天堂，你身边的朋友就是众位天使；当你孤独无助时，你已经到了地狱，守候在你身边的都是魔鬼。

现实中的生活有美好的天使时常陪伴在你的左右，也有魔鬼引诱你。我们的心就像是一只天平，知足的时候就好像畅游在爱的海洋。痛苦绝望的时候，我们整个灵魂和肉体早已被抛在炼狱中煎熬。

其实天堂并不遥远，地狱也并不可怕，全部在于你我心里善恶的一念之间。烦恼住在贪得无厌中，幸福住在知足常乐里。

早晨醒来，当我知道自己还活着的时候，我心存感激，因为在这一刻不知道有多少人从此长眠不醒，渐渐地，我感觉到幸福的真谛。这时候，我想起了对儿子说的那些话，觉得那些话对幸福的解释太简单了，不能让孩子真正明白什么是幸福。不知不觉过去了两天，儿子回家了，我趁机找个空闲时间，对他说：我以前对你说的关于幸福的解释是不完整的，实际上整个世界对幸福也没有完整的解释，可是我觉得对你还是要多讲些，让你能够多了解一下：儿子，你看，幸福是一种感觉，当然也需要有实物做支撑。我自己感觉是很幸福的，因为我有众多爱我和我爱的亲朋好友常伴身边；又因为我远离疾病瘟疫，每天身心都健康；也因为我知足常乐，远离是非险恶，每天快快乐乐；再因为我有一个温馨幸福的家庭，妻贤子孝；还因为我心明眼亮，看得见世上很多美好的事物；更因为我远离硝烟弥漫的战场，远离贫穷饥饿。我对幸福的感觉就是这样子的。儿子听后若有所悟，说：爸爸，我的幸福跟你也一样吗？我笑道：那怎么能一样呢？你呀！需要自己去慢慢寻找哦。

其实，幸福就在知足常乐之中，说不完道不尽。就让我们一起怀着感恩的心，去拥抱美好的明天，切不要身在福中不知福，从而迷失了人生幸福的方向。

## （12）让孩子知道美来自心灵

有一天，在一家酒店遇到这样一件事：傍晚，我们一家人慕名来到这个小城最有名气的日本餐厅。果然是名不虚传，当我们来到的时候，饭店已经是宾朋满座。

在服务生的带领下我们穿过大厅，来到了一间优雅别致的寿司厅。坐好位置后，服务生给我们每人递上了酒水单和饭菜单；让我们选择自己最喜欢的晚餐。不一会儿我们就点好了自己的最爱，正在静待服务生送餐，此时我瞧了瞧坐在临近的一桌客人。看上去和我们一样，他们也是一个家庭的成员。一个约 50 岁上下的中年女士，带着她的两位女儿和一个儿子。还有一位和他们关系非常密切的朋友：一位金发碧眼年轻漂亮的女孩，他们几个人围坐在一起有说有笑的。

就在这时，一位高大英俊的男士手里托着啤酒和饮料从我们的身边走过去，径直奔向邻座的那一家。正当我暗自奇怪，这个人为何不同于其他的服务生身穿制服之时，他已经走到了那位金发披肩的女孩身后。毕恭毕敬地弯下腰，将手中的酒水托盘放到桌子上；然后轻轻地对着那个女孩说："对不起，小姐！请问您还需要什么？"话音刚落，那个女孩微微一愣，迅速转过身来，突然一下子从座位上跳起来，扑向男孩的怀中。口中不停地大声重复着一句话，"我的天呀！我的天！"

突如其来的惊人之举，让原本喧闹的大厅瞬间变得鸦雀无声，大家把所有的目光都投向这两个紧紧相拥的年轻人，一时间竟没有人说一句话。也没有人去打扰这两个热情似火的年轻人在众目睽睽之下旁若无人的真诚袒露。男的情意绵绵，女的喜极而泣。仿佛时间都为他们而静止，每个人都在默默地注视着，聚焦在他们的身上好久。

不知道是谁率先鼓掌，霎时群情激奋，大家不约而同地鼓起了热烈的掌声，向这对年轻人致以真挚的祝福！这时酒店的经理手中拿着摄像机从人群中走出，他激动地向所有来宾宣布：尊敬的女士们，先生们，今天是这位女孩子的生日，她热恋的未婚夫是一名驻扎在国外的美军士兵。爱她的男孩子事前没有告诉女孩子将要返国的具体时间，只是说在近期。就这样男孩子昨天悄然回来后，躲在家里没有同女孩子见面。为的就是要在今天女孩子生日的时候给她一个大大的惊喜，当做送给他心爱的人最好的生日礼物！当经理的话讲完以后，全场再一次爆发起雷鸣般的掌声。接着一名服务生手捧着鲜花分别送给女孩子和男孩子。此情此景，我们也是感动得眼含热泪。

在我们就餐完毕，将要离去之前，酒店的服务生又手捧着插着蜡烛的生日蛋糕，来到女孩子的面前，和全场的人们一起唱起生日快乐歌！惹得我们也感动不已，和大家一起为他们献上真挚的祝福！最后酒店经理代表酒店全体员工向他们致意！并告诉他们将享受50%的优惠折扣。全场再一次欢呼雀跃。整个晚上，他们都是在温馨浪漫的气氛中度过，在回家的路上，两个年轻人紧紧拥抱在一起的场景，还浮现在我的眼前，雷鸣般的掌声犹在耳边。

像这样温馨的场面，以前我也是屡见不鲜。不过都没有细想，现在看来，我觉得要让孩子体会这种温暖的时刻，让他们觉得生活的美好和幸福的感觉。其实我们做家长的，平时对孩子的要求太高了，总是让他们做我们未曾实现的愿望，可他们毕竟是孩子，需要慢慢引导教育，通过事例教育他们，我觉得更有启发性。就拿这次遇到的温馨场景来说，在路上，我对儿子说："儿子，你觉得今晚的晚餐好不好吃？"儿子大笑道："当然好吃了，而且还有好看的场面呢！今晚真高兴！"我又问道："你觉得这两人在一块的时候，幸福吗？"儿子说："当然幸福。你没看见我们都在为他们祝福吗？我觉得上帝都会帮助他们幸福的。能在这样的场合看到，真是很兴奋。"

其实，对孩子的教育，尤其是从心灵上进行教育比任何教育方式都要好，从根源上把握正确的方向，就好比把轨道修好一样，以后就让孩子沿着美好的未来进发就可以了。

## （13）教育孩子要从实际出发

我有许多朋友，有些人喜欢舞文弄墨，读读闲书，也有些人不屑一顾，闻书丧胆。在和前者的交谈中，他们大都是侃侃而谈，乐此不疲地讲着"书中自有黄金屋，书中自有颜如玉"的奇妙乐趣。而在同后者的交谈中，他们闭口不谈或者难以启齿有关教育的话题；有的朋友心直口快干脆说这不是他们的事情，自己也管不了那么多，对此我陷入了深深的沉思。

想到自己那些童年往事。那时候，父母对我教育比较严格，他们想方设法对我进行栽培，希望我有朝一日能出人头地，做一个可用之才。然而那个时候的我实在不争气。不管父母对我进行怎样的劝说，我都是当成耳边风，每天的心思都用在玩耍上，对学习是毫无兴趣，结果白白虚度了宝贵的光阴，当然也辜负了父母望子成龙的殷切希望。

也许他们不知道棍棒教育是培养暴力倾向的温床，面对棍棒教育，我学会了阳奉阴违和自以为是。跟他们交流，总是会有抵触心理，所幸在我屡次的抗争中，他们终于明白了我的想法，放弃了世代相传的棍棒教育，改用温馨的爱来教育我，这样我才没有被现实击垮。

参加工作以后，我才明白书到用时方恨少的道理，尝到了知识贫乏所带来的苦果。后来我也和其他人一样娶妻生子，自己也做了父亲，这个时候我的意志并没有消沉，相反却激发起内心积极向上的意志。我想绝不能一错再错，要亡羊补牢，以身说法，不能让我们的下一代重蹈覆辙。于是我从自己失败的教训中寻找原因，改变以前的教育方式，采用合乎情理的教育，用这种方式来影响我们的孩子。我相信世上无难事，只怕有心人。

在平时教育孩子的过程中，我们从来不搞攀比，本着一切从实际出发的原则。但是也不会遇到困难就放弃，更不会在主观上不积极努力，而在客观上找一些借口。古往今来，许多父母可能不识文字，然而他们却能够教育出德才兼备的好孩子，这些事例让我对教育孩子充满希望。

教育并不是高不可攀，只要我们能够积极地重视教育，以身作则，上行下效，相信就会结出丰硕的成果。看到有些朋友对孩子可谓是宠爱有加，然而他们却并不关心孩子的学习。用他们自己的话说：还学习什么？我们不是这一块料。殊不知，还没有进行尝试，他们自己就先自暴自弃，这样一来岂不可惜，其实这是一个对自己，也是对孩子极其不负责任的做法。当有一天小孩子长大了，问我们：为什么你们没有正确教导我们呢？如果你们能够多一点时间培养我们，现在的我们可能会更加幸福美满。真到那个时候，我们做家长的可能就是无言以对了。

一想到这里我就会不寒而栗，因为心中有很大压力，害怕我们的疏忽和不负责任的态度，也担心我们固步自封的做法，耽误了孩子本来应该有的锦绣前程，导致世代都是穿着新鞋走老路的窘况。

为此，我们应当自强不息，着手改变自己的教育观念。我们不是常常说，天下兴亡，匹夫有责吗？何不从自身做起，先振兴家庭教育，让“教育兴旺，家长有责”成为我们的座右铭。离开人世前，帮助我们的孩子赢得一个美好的未来，到那时，我们才可以自豪地说：这一生我没有白来一遭！

## （14）不能给孩子当头棒喝

有一天，儿子天真地问我：“爹地您小时候学习好不好？”我硬着头皮据实回答说：“不好”。儿子大吃一惊地笑着说：“哦，爹地，原来您是一个笨蛋呀！”我一时怔住了。

晚上，我在床上不禁想起了儿子白天对我说的话，翻来覆去睡不着觉。记得我小时候也很聪明好动，常被老师戏称为鬼精灵。其实我也有过优秀的成绩，不过如过眼云烟般短暂。那时候，造成我的学习成绩一落千丈的结果有很多种，不过最让我难忘的是在初中一年级时候的那件事：那时我的学习成绩在班级里一直名列前茅，所以我从内心里就有点骄傲了，把学习看成是一件非常简单的事情。有一次，在上课的时候我无心听讲，自顾自地看小说。正在聚精会神的时候，丝毫没有发现老师已经站在我的面前，在这种情况下，一向对我关怀备至的老师也非常气愤，不由分说地抡起了手中的教科书向我的头上狠狠地砸来。

这一举动把我打醒了，也令我颜面尽失。从那以后我就开始讨厌学习文化课，并慢慢地学会了无缘无故地旷课。可我旷课并不为别的，只是为内心的那点爱好。我喜欢读书，尤其是对课外读物更是情有独钟，捧在手里如获至宝，常常废寝忘食地读。甚至在夜深人静的时候，我也会背着爸爸妈妈打着手电筒挑灯夜战，躲在被窝里津津有味地阅读。就这样晚上我精神十足，白天萎靡不振，没过多久，我的学习成绩直线下滑。那个时候，为了应付爸爸对我的严格教育，我常常有模有样地拿着书本坐在那里认真学习，岂不知藏在下面的小说才是吸引我的动力。后来因为我总是旷课，老师最终找到了家里，真相大白后，爸爸暴跳如雷。而此时，我也干脆是一不做二不休，明目张胆地逃避学习。爸爸更是毫不留情，对我棍棒相加。后来，几次的严惩让我更加厌恶学习，我最终选择了出走。我走后，家里人大吃一惊，如坐针毡，一时间不知道怎么办，最后全体出动没日没夜地打听我的下落。直到八天以后，他们接到了派出所打来的电话，才知道我沿着铁路已经走出五百里的消息。很快我被接回了家，从那以后，爸妈再也没有打过我一下，家里也变得越来越和睦了。因为耽搁的功课实在太多，我也无心补习，不久我就离开了学校，我当时真的很开心。

如今，我有点往事不堪回首的感觉。假如那个时候，我和家里人以及老师能够进行很好的沟通，他们能够及早地发现问题并对症下药，可能一切会变得美好。假如我的那位爱之深责之切的老师没有当头棒喝的行为，可能我仍然会求知若渴、喜好读书。假如那个时候爸爸妈妈能够多留意我的一言一行，抛弃不打不成才的教育观念，对我和颜悦色一些，可能我也不会一错再错了。只要多一份相互理解，只要那个时候年幼无知的我能够听话一些，可能所有的问题都会迎刃而解。要是那个时候我身边的朋友都是懂事的孩子，可能我也不会随波逐流……可惜时间不能倒退，因此我们要采取多变的方式去教育他们，不要一根子打死，那样会适得其反，到时候家长想弥补都来不及。

孩子羽翼未丰，不知道人世间的冷暖，即使他们犯了错也是可以原谅的，而作为家长却不应该推卸任何闪失的责任。有了前车之鉴，我绝不会重蹈覆辙。我也知道每一个小孩子都是那么天真无邪、聪明可爱，只要我们多关心他们，并加以正确的引导，相信他们绝不会令人失望，一定会青出于蓝而胜于蓝。

## （15）教育孩子要坦诚相待

我有一个好朋友教子有方，而且为人热情开朗，喜欢和大家分享教育孩子的故事。总是说他是如何移花接木，把一些常人无法做到的事情轻而易举地化解，直至哄得孩子围着自己团团转！听众无不心悦诚服。他说他的杀手锏就是每当救急之时，常常对小孩子说一些善意的谎言。其实像这样为解燃眉之急而说的一些谎言无可厚非，然而万一掌握不好也会产生不良的后果，毕竟智者千虑，必有一失。

众所周知，任何事物的发展都会有两面性，有时明明是我们自己做得不对却不肯认错，想方设法把自己的责任推得一干二净，然后天花乱坠地讲一番大道理，把一个天真无邪的小孩子说得喜笑颜开，心服口服。试问这种颠倒是非，自欺欺人的做法对小孩子的未来能带来多少益处呢？善意的谎言看起来头头是道，其实在本质上和强词夺理又有何分别呢？急中生智有时固然是好事情，然而如果是明知故犯还要将错就错，用那些粉饰的词汇教导孩子，与其说这是智慧，不如说这是危险的诡诈。今后让小孩子如何正确认识言行一致的行为呢。比如说：当你舍生忘死地救了一个人，一定会被许多人广为传颂，认为那是一件功德无量的好事。假如不久后你救的那个人犯下了人神共愤的滔天大罪或者他恩将仇报与你为敌，那个时候你的感受是什么呢。对我们来说，孩子是言而有信还是言而无信，跟我们自身的教育息息相关。我们在小孩子面前说过谎，以后还能泰然自若吗？

另外，我们不是常常说千里之行，始于足下，冰冻三尺非一日之寒吗，小孩子坏习惯的养成不是一朝一夕的，需要我们随时与孩子进行交流，懂得孩子的内心世界，不要总是用善意的谎言来蛊惑孩子，时间久了，孩子也会有这样的习惯，再加上他们的辨别能力不是很好，很容易出现问题，这绝非危言耸听。

还有，我们常常说好妈妈胜过好老师，那一定知道近朱者赤，近墨者黑的道理，我们的所作所为都会深深影响小孩子的一生。善意的谎言确实能在一段时间内让孩子懂得道理，然而弄巧成拙的话，就使小孩子不知不觉中学会阳奉阴违，长此以往我们就难以捉摸小孩子的心理活动，不能与孩子进行良性沟通，从而无法正确引导孩子的行为。

家庭教育对孩子的影响无法估量！这也是为什么欧美国家，小孩子比较诚实的原因。他们对小孩子的教育开诚布公，甚至小孩子提出一些有关生理发育的问题，家长也不会遮遮掩掩，而是按照自己的想法告诉孩子。他们觉得孩子既然提出来了就应该告诉他们真相，免得以后让孩子觉得尴尬，我想这可能也是他们的先见之明吧。

所以说看问题不能够只看眼前和外表。教育的本身有迹可循，然而方式却是多种多样，只有聪明的人才喜欢聆听，智慧的人才喜欢思考。为了我们的孩子就让我们一起去聆听孩子的声音，去寻思更加完美的教育方式。

## （16）让孩子学着吃点亏

儿子上小学二年级，他每天早晨都会高兴地去上学，午后又欢欢乐乐地回家。作为家长，我非常想知道儿子去学校的兴趣所在，于是我就找了个空闲时间和儿子谈话，看看到底是什么原因，让儿子这么喜欢上学。儿子知道了我的想法，就兴奋地把自己在学校的事情说给我听。原来他们每天在学校除了在玩耍中学习知识外，老师还会讲一些有关感恩的话题。让孩子感觉到爱的重要性和广泛性，要爱你的家人，爱你的亲朋好友，爱你的老师，甚至爱你的对立的人。要孩子们学会团结互助，学会吃亏，学会忍让，学会包容，学会聆听，学会积极向上，要做一个好孩子。

儿子的这些话语让我感慨万千，记得女儿刚刚来美国的时候，因为语言障碍，无法和当地小朋友们正常沟通，女儿唯有依靠我们才不会被冷落。

现在，许多孩子从小就受到一家人的宠爱，犹如掌上明珠，在家里常常是唯我独尊，绝不肯受半点委屈。他们的父母也常常不明辨是非，甘愿为孩子做奴隶。他们的孩子与众不同的地方就是不能吃亏，长大了绝对不能受人欺负。岂不知强中自有强中手，能人背后有能人，当许多不愿吃亏的小孩子放在一起的时候那又会怎样呢？会不会产生各不相让，拼个你死我活的情况呢？到那时，小孩子的父母是否为当初的家庭教育追悔莫及呢。争强好胜的个性无可厚非，如果家长能够进行正确引导，这一定会成为孩子积极向上的巨大动力，相反如果家长对孩子放任自流，任凭小孩子为所欲为，到头来，有可能成为社会的祸害。

家庭教育的方式不是一成不变的，是需要根据实际情况进行不断调整与改进。所以说我们在教育小孩子的时候，一定要因地制宜、审时度势。有的小孩子天生羞涩，性格懦弱，这样的小孩子就需要我们经常鼓励；有的小孩子生性倔强，就需要我们严加约束、因势利导，绝对不能听之任之甚至推波助澜，很有可能把一个可造之才推向悬崖。现实生活中，有很多娇宠任性的小孩子在内心没有满足的时候，就大发脾气，性格怪异，毫无理智甚至怨天尤人。而经常吃一点小亏的孩子则不然，他们接人待物更加彬彬有礼，常常先人后己，有一颗宽容的心。即使他们在生活中遇到艰难险阻，也会从容不迫地去面对。

俗话说：忍一时风平浪静，退一步海阔天空，孩子学会吃亏未尝不是一件好事，能屈能伸总比一意孤行要好许多。不想吃亏的人常常会因小失大，得不偿失；而有远见的人才会常常吃亏，以德报怨。当然，小孩子的性格不是生来就养成的，它跟家庭教育密不可分。合理的家庭教育对孩子的身心成长有很大好处，而那些做事情件件都想要占点便宜的家庭教育则对孩子不仅没有好处，反而会让孩子养成贪小便宜的坏习惯，虽说贪图一时，可能不会有多大问题，可有句话：常在路边走，哪有不湿鞋。真到最后，或许就保不准吃大亏了。

不吃亏和贪得无厌、自私自利是远亲近邻，是产生祸害的温床，而吃点亏是战胜骄傲自满的双刃剑，学会吃亏又是逢凶化吉的灵丹妙药。

吃亏是福，切莫得寸进尺。劝君学着吃点亏，这样对你我，对孩子的明天会更好。

## （17）棍棒对决甜心

许多朋友，他们在教育小孩子的时候特别推崇棍棒教育，他们多主张不打不成才。通过自己的高压政策，使孩子屈服顺从，乖乖就范；他们不辨是非曲直，盲目相信“慈母多败儿，棒打出孝子”的教育手段，进而顺理成章地推行自认为威力无比的棍棒教育。真是可悲可叹。

其实教育孩子的道理每一个人都心知肚明，性格温顺的孩子即使不打不骂，通过说服教育也同样能够达到教育的目的。而盲目的棍棒教育或许会适得其反，消磨的是孩子积极向上的学习热情，家长这样做实在是得不偿失。而对那些性格倔强的小孩子，即便是父母拳打脚踢也不见得能够让他们心服口服。其实家长也应该知道光靠打是不能让孩子诚服的，更何况在小孩子满腹委屈的时候，棍棒之下又怎么能让他们心悦诚服呢？

归根结底，是崇拜棍棒的个人英雄主义在作怪，殊不知，有多少英雄豪杰即使是严刑拷打也是宁死不屈的，这样的体会早已经让孩子体会到了，孩子岂是这点雕虫小技所能够降服的。再说了，棍棒所起到的作用无非是百炼成钢，在棍棒变本加厉的淬炼下，让小孩子变得更加坚强。众所周知，有多少不良青年，就是在这样越挫越勇的境况下造成的，更何况鸡犬不宁的棍棒教育，也是制造家庭分裂的导火索，常常酿成夫妻不和，兄弟反目，父子成仇的悲剧。所以，要从根源上泯灭棍棒教育的种子。

一般来说，棍棒威逼下的孩子会变得口是心非，见风使舵。有些小孩子为了免受皮肉之苦，他们口口声声地说知错了，保证下不为例，其实只是口服心不服的权宜之计。事后又会旧病复发，屡教不改的。其实都是那些把棍棒教育当成宝典的家长，他们把自己在外面所遇到的不如意带到家里，然后看到小孩子的做法不对就堂而皇之地把自己的不满发泄在小孩子身上，求得自身的解脱。这样的棍棒教育只会造成家庭矛盾的激化，使小孩子产生更加强烈的逆反心理，甚至忧郁成疾，甚至选择轻生，这些都不是我们做家长的，最不忍心看到的。

因此，教育孩子的时候，要学会设身处地地换位思考，对孩子溺爱和高压都不是最好的方式，要从自身的教育方式上找原因，小孩子的坏习惯，不可能与生俱来。只有不会教育孩子的家长。聪明的家长喜欢聆听，智慧的家长喜欢思考。教育孩子的最好方式莫过于推心置腹地坦诚相见，要让孩子心服口服。用爱心来浇灌，用爱心来感化，让小孩子学会爱！爱自己爱家庭，爱自尊爱自强，爱一切美好的事物！这才是教育孩子的关键。让我们从今天开始做孩子最棒的引路人吧！

## （18）让孩子玩着学

每个父母都希望自己的孩子聪明可爱，将来无论是在生活上，还是事业上都能够幸福安康，出类拔萃。所以他们在培养孩子上都是下了很大的功夫。但总的来说，有的家长重视孩子智商的培养，或多或少就忽视了孩子的情商培养。更有甚者，以扼杀孩子的情商做代价，来换取开发孩子的智商。当然也有许多睿智的家长教子有方，在情商和智商的培养上因材施教，不分伯仲地齐头并进，使小孩子受益终身。

其实，现在许多的小孩子比从前的我们更加聪明伶俐。比如，他们几乎从小都喜欢玩游戏，而且都是无师自通。在传统意义上，家长对小孩子玩游戏定会惊恐万状，觉得小孩子是在浪费宝贵的时间，于是他们想方设法去限制这些小孩，有的家长把孩子的游戏玩具不管三七二十一没收了，东掖西藏，紧接着就劈头盖脸地批评教育小孩子。矫正小孩子玩电子游戏的浓厚兴趣。他们想当然地认为，这样做可以使小孩子收起心，能够重新把注意力放到学习上来。可是结果并没有按照家长所想的那样，他们收效甚微。反而让许多孩子修成正果，成了“电玩高手”。

不可否认，沉湎于游戏的孩子中，好多是智商高的孩子，但最后他们在没有正确引导的条件下，除了玩游戏，对其他事情都不关心，造成了情商开发的严重滞后，给他们以后的健康成长带来不可估量的损害。

既然我们知道了这样一个道理，就应当对症下药，争取让孩子早日回归到正确的道路上。然而任何事情都要通过深思熟虑地权衡，特别是对小孩子的教育，不能朝令夕改，言而无信。所以说初为父母的朋友们，在面对科技高度发达的今天和新生事物的巨大冲击下，应该勇于面对，接受挑战，而不是穿新鞋走老路，或者干脆视而不见。

像我的女儿（90后）从小也是一个狂热的游戏迷，玩起游戏的时候，常常也是乐不思蜀。即使我们把她的游戏机收起来，也不能保证她马上把精力转移到学习上来，既然如此，何不让她痛痛快快地玩个够呢，然后让她静下心来学习，那样岂不是更好？就是这样边玩边学的家庭教育，女儿不仅没有沉湎于玩游戏、看电视，恰恰相反，她的学习成绩更优秀，社会活动方面也更出色，而且还很有逻辑思想，自我控制力也特别强。

所以说，无论看电视也好，玩游戏也好，只要把握分寸，不仅无害，反而有利于孩子智力的开发。到了我儿子（00后）的时候，绝大多数男孩子的确不如女孩子自律，玩起来更是忘乎所以，也更加难于管教。不过孩子妈妈善于审时度势，从来不给儿子增添过多的压力，有时候干脆跟孩子一起高高兴兴地玩游戏。后来，这种看似不成体统的“亲子教育”并没有影响儿子的学习成绩，相反儿子在学习上更加勤奋，与母亲的关系也是好上加好。

其实，在中国和美国，培养一个孩子所花费的精力都差不多。孩子都是家中的宝贝，望子成龙的父母都相信“不能让孩子输在起跑线上”。所以国内很多小孩子，牙还没有开始长齐就上亲子班，或者智力班，目前各种眼花缭乱的“班”是铺天盖地地袭来。而美国的家长更注重对孩子情商的培养，包括为人处世、动手能力等方面。

国内的孩子来到美国，以前数理化相对来说略占优势；然而在孩子情商教育的问题上却输给美国的小孩子很多。比如说，他们在人与人沟通交流的问题上做得差强人意，有些孩子个人主义突出，不懂得包容和尊敬他人。有些学生说话自始至终都不会用平和的目光正视交谈的人，以示尊敬对方。

实际上，家家有本难念的经，尤其是国内小孩子，不要说他们对别人如何彬彬有礼，即使他们在家里对待自己的父母或者其他长辈，都经常带着一种高高在上的表情。有的小孩子回到了家里后，就会把自己关在房间里，每天不到吃饭的时间不出来，吃完饭后，不懂得帮助大人做一些简单的清洁工作，或者说句感激的话语。除了书本，他们几乎什么都不知道，比如爸爸妈妈的生日是哪一天？家长想方设法接近他，跟他攀谈，他也基本上用最简单的字或词回答你。

在物质时代，一些基本的孝悌情义也渐行渐远。在孩子成长的过程中，我们是不是过分注重对孩子智商的开发，而忽视对孩子情商的培养呢？抑或是时代改变了，而我们自己还没有准备好转变观念呢？

当有一天，你发现一手培养大的小孩子变成自私自利的人，甚至为了达到自己的目的而不择手段的时候，你是否想过当初要是在情商教育上多投入一些，他也许就不会是这个样子。总之，如果没有一个良好的情商教育为基础，再好的智商教育又有何用。只有两者相互结合，才能够取长补短。如今，先学会做人的情商教育是否比智商培养更为迫在眉睫，我想，亲爱的家长们，你应该懂得的。

## （19）何不笑着做个草根专家

究竟什么样的家庭教育是完美的，每一个人的看法千差万别：是不是一定要有繁琐的循规蹈矩呢？是不是一定要哗众取宠的夸夸其谈呢？是不是对孩子要听之任之的放任自流呢？我想这些都不是最重要的。最为重要的应该是有种潜移默化的言传身教。让孩子能在一个温馨的家庭氛围中得到关爱。

众所周知，家庭教育本身是一个循序渐进的漫长过程，良好的家庭氛围不能够一蹴而就，是需要日积月累的付出和巨大的耐心。家庭教育又是一件简单至极的事情，有时候的确不需要那些教育专家的指点。凭着良好品行，也同样可以起到意想不到的教育效果。这其中，教育孩子从平凡中学习，学做一个好孩子，是一件最为艰巨的任务。因为只有好孩子，才可能将来做出更多好事情，使小孩子成为德才兼备品学兼优的优秀人才，这也是我们最终的教育目的。

俗话说：正人先正己。用实际行动去影响感化小孩子，而不是头脑一热脱口而出的冷嘲热讽和拳打脚踢。有的教育专家的金玉良言，确实能够警示部分家长，使其豁然开朗、受益匪浅。这是因为他们对事情的本质有独到的认识和见解，往往能够一针见血地指出问题的关键和合适的解决方法。他们不遗余力地为他人排忧解难，令人非常敬佩，值得我们学习和尊敬！而有的所谓的“专家”则不然，他们喜欢沽名钓誉，常常故弄玄虚，然后煞有其事地振振有词，并且不厌其烦地要听众心悦诚服。可是又有谁知道这些所谓的“权威”有时也是不靠谱的。一个连自己的孩子都培养不好的“亲子专家”又怎么能指导别人教育孩子呢？家家有本难念的经，一个对自己的家庭一知半解或者一无所知的教育专家，怎么可能对症下药地管教孩子呢。实际上，每个家庭的情况各不相同，劝说各位家长一定要慎重对待。盲目崇拜专家害人害己，只会让自己更加地失望。所以，再好的教育专家，他所说的话也只是一个有价值的参考，需要我们灵活掌握，而不是一成不变地照单全收。

我建议家长们何不自己笑着做草根专家！家庭教育事无巨细，只要我们多一些关爱，多一些耐心，教育孩子先学做人，时刻铭记言出必行，踏踏实实从小事做起，假以时日，实至名归的教育专家非你莫属！

# 第四辑
# 快乐比什么都重要

随着时光的流逝，孩子总有长大的时候，那个时候，他们的世界观也会渐渐成熟。而此时，我们跟孩子之间对事物的认知，或多或少就会存在着不同的看法。在这种情况下，究竟如何统一思想是个很关键的问题，更是我们每位家长朋友必须面对的话题。谨以此篇与朋友们分享我们自己的体会。

## (1)快乐的人生远比分数、金钱更重要之一

千百年来，民间一直流传一个美丽的故事，说的是孟母教子，她老人家把儿子培养成了千古圣贤，也成就了自己不朽的美名。其实，孟母自己并不是那种知识渊博、学富五车的女学究，可是她的教子方法得当，培养出了一位超凡入圣的儿子。这其中的道理非常简单，孟母找到了最合适的教育方法，再加上孟子自身的不懈努力，最终修成正果，成为万人敬仰的圣人。而且从中我们也可以得出教育不分贫富的结论，只要通过主观的正确认识和努力，在客观上就会有进步。

其实，从古至今，又何止一个这样的案例呢？它们给我们很大的启发，我在教育女儿的时候，着眼点不是盲目追求靓丽的分数，而是把健康的体魄，快乐的人生作为培养小孩子的首要任务。会玩的孩子更聪明，聪明的孩子更会玩。我们每一个父母都希望自己的孩子天真活泼，聪明可爱。可是试想一下，饱受压力的孩子，他们会活泼可爱吗？回答当然是不会的。在小孩子的成长中，什么是最重要的呢？我觉得是健康的体魄和良好的精神状态。

可全天下的父母往往都忘记了自己的初衷。所有的父母都希望自己的孩子将来能够出人头地，幸福快乐，然而有的父母却没有设身处地地考虑孩子自身的感受，一心只想望子成龙，结果把孩子推进了一个脱离现实的残酷教育当中。他们把自己没有完成的梦想嫁接给孩子来实现，试图创造奇迹，可是他们根本没有正视拔苗助长的残酷，会让小孩子的思想早熟，过早地失去应有的天真，过早地对生活产生强大的压抑感。

这种案例很多，在我的身边有许多知识分子朋友，他们大都毕业于国

内著名大学，后来留学国外，他们也都曾是让许多人钦羡的小神童。然而现在他们对自己的孩子教育却与自己的儿时教育完全相反，因为他们深深地知道做神童背后的代价是什么。他们是不幸中的万幸，因为有更多不幸的孩子在征途中一个个倒下。一位朋友说：学习靠的不是别的，是兴趣！不是条件和环境，是自己持之以恒的兴趣。从出身上讲，像他们这些来自农村山沟里的孩子，他们的父母大字不识一个，学校里连个窗户都没有，硬是靠着他们的毅力，最终走上了这条道路。如今他们绝不会让自己的孩子再走老路了，神童的路艰难曲折并不好走，何况大家知道自己并不是所谓的天才，没有理由让孩子成为神童的牺牲品。

众所周知，小时候就获得奥数冠军的人，长大以后没有一个人在数学上做出卓越成就的。而另外一部分人，比如：微软创始人比尔·盖茨，苹果创始人乔布斯，甲骨文创始人拉里·埃里森，他们小的时候都不是成绩出众的神童，甚至有的人连大学都没有读完。

我想说的是，不要把心放得太高，不要随波逐流，应当循序渐进，采取因材施教的教育方式，不要把我们不切合实际的梦想残酷地施加在小孩子的身上。有的朋友希望孩子学这样学那样的，岂不知孩子也希望家长，老师能手下留情，还给他们更多玩耍的时间。家长对孩子的心思不了解，孩子呢？没办法，只好硬着头皮上，结果呢？自然影响孩子的一生。其实，对孩子来说，还有什么比快乐的人生更重要呢？还有什么比健康的体魄更值得珍惜呢？发明大王爱迪生就是喜欢玩耍，结果造福了整个人类。

所以，看问题一定要了解它的本质，不要只看到光鲜的外表。教育孩子更是如此。

## (2)快乐的人生远比分数、金钱更重要之二

孔融让梨的故事可谓是家喻户晓，可是正因为孔融的聪明绝顶，过于自负，使他养成了桀骜不驯、狂妄自大的个性，最终招来了杀身之祸。有许多朋友可能真的不知道强扭的瓜不甜，高压的教育方式得出的果子不一定称心如意。拔苗助长的结局只能是一无所获，当孩子压抑已久的情绪，一旦像火山爆发的时候，这也许是一件好事，因为至少我们会清醒地去重新认识问题，并设法找到解决问题的方式。真要到了孩子天天萎靡不振，垂头丧气的时候，那可能是大难临头的时候了。尽早发现孩子的思想问题是极其关键的。

不要把孩子塑造成自己理想的影子，就像是我们自己不希望活在别人的影子里一样。每一个人的命运和天赋各不相同，不能够把所有的成功经验强加在一个人的身上，那样再优秀的小孩子也会不堪重负，还可能会物极必反，消磨他们本来就有的积极向上的热情。当孩子变得和你若即若离之时，那么我可以肯定地告诉你，孩子已经不愿意充当你的影子了，他想追求自己的生活方式。他想要挣脱你的束缚，走一条属于自己的道路，并最终摆脱你无处不在的阴影。

许多家长只会做自己的美梦，却不知道孩子的酸甜苦辣。有相当一部分聪明可爱、天真烂漫的孩子因为来自家长、学校和社会的强大压力而无法解脱，因而患上了严重的精神忧郁症，更为不幸的是每年也有很多才华横溢的天之骄子，结束了年少的生命。在他们临走之前，没有人清楚地知道他们的内心世界，他们走了以后，亲朋好友才悔不当初。

其实，哈佛也是如此，这所世界排名第一的大学是许多莘莘学子向往

的学术圣殿，大家想方设法使尽浑身解数也要成为其中的一员，殊不知这里的学生也是承受巨大的压力，每年都有近 20% 的同学因为不堪重负选择了休学，也有相当多的学生患上了精神忧郁症，还有部分人因此命赴黄泉，这绝非危言耸听。

强中自有强中手，孩子的成长过程中时常会遇上这样的问题。当他们战胜对手的时候，心中会豁达快乐，可是稍一松懈，也许就会被别的对手所击败。聪明豁达的人一笑了之，他们会很快从失败中站起来，重新认识人生。而那些冥顽不灵的人想不开，转不过弯来。就会心灰意冷，自暴自弃，再也看不到昔日的风采。

如果我们真正爱护孩子，就应当理解孩子的所作所为，实实在在地去关心他们的生活和学习，帮助孩子尽量减少烦恼，不要过多地给孩子施加压力，给他们增加麻烦。作为家长，要有责任让孩子快乐地生活，不要把自己的梦想建立在孩子的痛苦之上。应当多给孩子创造其他机会，让孩子去接触更多的新生事物，让他们自己从中选择喜好。这样，培养出来的孩子当然会对生活、人生更加喜爱了。

总之，教育孩子应当从教育家长和老师开始，他们应该转换思想去做一些有利于教育孩子的事情，绝不是本末倒置去拿一个还不懂事的小孩子做实验，让他们成为光荣教育的牺牲品、替罪羊。鉴于此，让我们放下华而不实的虚名，不要固执己见，设身处地以找到更好的教育孩子的方式，毕竟快乐的人生远比分数更重要。

# （3）快乐的人生远比分数、金钱更重要之三

有两位来自北京的朋友，他们是夫妻，并且都是博士，他们的孩子刚好与我儿子是小学二年级的同学。自幼参加了许多课外活动，芭蕾舞，钢琴，中文，游泳，跆拳道，绘画，高尔夫球，保龄球等等，可谓是多才多艺。这几天我朋友夫妻二人去国外参加学术会议，于是他们的小孩子就借宿在我们家里。

一天早晨，夫人去看两个小朋友是否起床了。结果一看目瞪口呆。两个小家伙还在酣然大睡。由于担心时间晚点，在九点半的时候，夫人终于忍不住把两个小家伙从美梦中唤醒。并调侃地说："你们是不是偷懒，睡到现在，为什么昨天早晨一听说看电视就七点钟起床了。"两个小家伙相视一笑，就准备起床了。

回来的路上，夫人对朋友家的小孩子说："等一会到家后，你们两个要一起学习一个小时的中文。"谁知小孩子不假思索地说："啊！还要一个小时呀，我觉得十五分钟就可以了。"夫人回头问儿子一个小时怎么样，儿子也说："多玩一会好不好？"夫人听罢，只好让步说："那就半个小时的时间。"两个小朋友听到后高兴地答应了下来。

从这里可以看出，小孩子真正需要的是玩耍，而不是填鸭式枯燥乏味的学习。人生的童年不是把自己关在房间进行死记硬背的学习，而是要有足够的时间去玩耍。让孩子在玩耍中能潜移默化的学习，在学习中知道更好的玩耍，达到劳逸相结合的程度。由此我们对孩子教育方法的理解是：健康教育，品德教育，快乐教育和知识教育；而学做人，循序渐进的培养兴趣作为我们教育孩子的首要任务。

健康的体魄是我们对孩子最为关心和期望的，这也是其他教育最根本的保证。还是那句话，身体是革命工作的本钱！身体越好，本钱就越大，做起事情就会得心应手，相反如果每天无精打采，那样还能做好什么事情呢?

快乐教育就是心理素质的教育。无论在什么时候，都要让孩子有一颗感恩的心，让他们有一颗充满快乐的心。能够坦然面对任何困难；不会因为生活中的一点点挫折就垂头丧气，甚至自暴自弃。凡事要往好的一面去想，学会热爱生活，追求美好的东西。毕竟一个人活着，除了有一个好身体，那就数快乐最为重要了！

知识教育，顾名思义就是要拥有知识。如今是一个知识竞争的时代，我们应该让孩子懂得知识的重要性。俗话说：知识就是力量！知识就是孩子明天羽翼丰满的动力。但是对待不同的人，会需要不同的知识，这并不是千篇一律。所以作为家长要学会积极帮助孩子拓宽视野，让孩子能更多地体验生活、喜爱生活、喜爱新生事物，从而找到更加适合孩子学习的新知识。至于文化知识，相信只要孩子有足够的学习兴趣，我觉得有学校老师的教导就足够了。毕竟我们所掌握的知识和传授的方法，不一定能真正辅导好小孩子。我们需要做的就是随时和老师学校保持紧密联系。即使面对任何困难，我们也会迎刃而解。

对于补习班，仁者见仁，智者见智，如果能够在课堂上弄懂，我觉得就没有必要在课外进行过多的补习，那样反而会增加孩子的负担。一般来讲，热衷补习的大都是家长而不是孩子，不过有的补习对有的孩子来讲确实是受益匪浅，而有的只不过是走走过场。我女儿从来就没有参加过补习班，她把主要的精力都放在了课堂的学习上，一遇到不懂的地方就及时向老师请教。放学后，她还坚持做一些有规律的预习。一定要保证当天的作业当天能够完成，不会找一些借口拖到第二天。另外，女儿还常常去图书馆借读，通过温故知新的方式去学习更多的新知识。

总之，掌握了这几点，我觉得就把握住了教育孩子的大方向了，以后教育孩子也会更加实用。

## (4)人生的差异在德行

有人说：人生的差异在于小时候读过多少书；也有人说：人生的差别在于学习的分数是否高；面对这样的回答，我们自己并不认同。我觉得教育本身还是应该是首看德育。从小就让孩子知道怎样做一个合格的人，包括为人处事，这才是做人的基本问题，任何的教育都离不开品德的教育。如果背离了这个方向，那么一切都是空谈，即使培育出的孩子能力超强，如果他的品行不端，也是徒劳，所以说人生的差异在德行。

而对其他知识的掌握，每一个人的分辨理解能力有快有慢，各不相同，没有统一的标准。在孩子学习的时候，我们家长只要竭尽全力地加以引导就可以了，没有必要往死胡同里钻，非要让孩子名列前茅。实际上，这不是决心和努力的问题，也不是孩子肯不肯学习的问题，而是个人的自身条件，所以做家长的不应该相互攀比。即使孩子废寝忘食，付出加倍的努力，学习成绩也不一定占到班里的前几名。所以只有因材施教才可以扬长避短，挖掘出孩子的潜力，发挥孩子的长处。

我自己读书不多，常常被夫人讥笑没有文化，可是我并不介意这些。然而我有时也按捺不住，也反唇相讥夫人：我比起那些饱读诗书的文化人确实有很大的差别，可是人生的价值不在于读书的多少，而在于人的道德品质。有很多人读的是圣贤书，行的却是作奸犯科的坏事。也有许多人大字不识一个，但他们淳朴善良，乐善好施，成为德高望重的人。

现实中，许多人都忽略了品德的修养，所以他们常常迷失自我，以至于怨天尤人，他们有时候觉得生不逢时，怀才不遇，于是整日郁郁寡欢，什么事情也不想做，其实这也是读书的差别。那些人并没有真正地把书读透，要真正理解的话，就不会出现那些患有心理疾病的人了。

我觉得品德教育可以帮助孩子找到人生的正确方向，也是孩子将来成长必不可少的基石。如果一个孩子没有正确的人生观，读书越多，祸害越大，将来有朝一日，必将成为害群之马。所以，我教育孩子不奢求大富大贵，一定要做一个脚踏实地、作风正派的好人。

## （5）当愿望和孩子的理想发生冲突时，父母该怎么办？

我们常说要给孩子创造一个幸福温馨的空间，于是我不由得在心里想，这应该是一个什么样的环境呢？我记得，在孩子童年的时候，通过我们的辛勤努力，确实可以给孩子提供一个高品质的成长环境。然而，随着孩子一天天不断地成长，视野不断地拓宽，我们感觉到自己的能力却变得越来越小，而孩子的羽翼逐渐丰满了，这使我们重新陷入苦恼当中：我们常常责备自己，心有余而力不足。不过从另一方面看，这也使我们高兴不已，毕竟孩子已经长大，他自己能够做一些事情了。

此时的我们略感欣慰，心里想着还是让孩子张开理想的翅膀自由地翱翔吧！这不正是我们期望已久的吗？可是伴随的问题又来了，孩子的理想到底是什么呢？它会是我们所期盼的那样吗？如果与我们的不谋而合，那自然是皆大欢喜。如果背道而驰，那肯定会使我们大失所望。尽管孩子应该有自己的生活空间，但是从感情上，我们还是难以接受，多少有点失魂落魄的感觉。而这又是我们不愿意看到，可是它迟早会出现的。面对这个棘手的问题，我想这个问题也曾难倒过很多父母，也让许多羽翼渐丰的孩子陷入进退两难的境地。此时此刻，我不由得扪心自问：孩子的理想和幸福是我们可以给的吗？我们凭什么信誓旦旦地能给孩子幸福呢？难道不会弄巧成拙吗？把自己的理想强加在孩子的身上，以实现自己的抱负。这样对孩子是不是不公平？是不是残忍？让孩子去做一件自己毫无兴趣的事情，他会感觉快乐吗？这是给他的人生幸福吗？假如他按照我们的选择进行生活，他会快乐吗？在今后的生活中，他会不会后悔当初没有能够坚持自己的选择呢。即使不会，作为父母的我们会不会追悔莫及？为什么当初我们的目光那么短浅？在这其中，当事者往往比较迷茫，而旁观者看得却很清晰。在看似艰难的抉择中，其实说来也很简单。首先和孩子建立起良好的沟通，真正了解孩子的内心世界。不盛气凌人地摆出一副长辈的样子。一定要心平气和，不要给孩子带来丝毫的心理负担，尽量减轻他们面对升学时所承受的压力。千万不可以火上浇油！既要摆事实，讲道理，更要从实际情况出发，切不可盲目攀比、想入非非，做一些可望而不可即的傻事。

如果你的孩子想法过于天真烂漫，或是过于依赖家人；那么你一定要想方设法多培养他的自信心。当然要动之以情，晓之以理，加以正确地引导，绝不能听之任之，放任自流。温室里长不出鲜艳的花朵，不经历风雨，又怎么能够看见天空中的彩虹。不让孩子在大风大浪中锻炼成长，未来的日子里，他们怎么能够养成坚强的意志。面对惊涛骇浪之时，他们又怎么会有勇气去克服困难？当然，也没有哪位父母会希望自己的孩子总是生活在自己的羽翼之下。这时，父母要给孩子指路，适当地鼓励，激发他们积极向上的热情远比说一些不着边际的话语更有意义。当我们无法说服孩子，甚至无法说服自己的时候，我们还等什么？我们不是常说要转换思考吗？何不设身处地地站在孩子的立场，为孩子想一想。那样家长就会看到广阔天空的一片光明；心情也会豁然开朗。这样不是更好吗？

如果你的孩子自立能力比较强，世界观也非常成熟，那么你一定要多多悉心倾听孩子的声音。毕竟现在的他们已经长大了，有了自己的想法，这点我们一定要承认。我们的理想不也是会随着时间的推移慢慢地改变吗？我依然记得 27 年前，我的理想是希望每天能够去建筑工地，干上十几个小时能够挣到10元钱；又过了一年，我的理想是能够成为一名军人；再过一年，我的理想变成了做一名大律师；而现在的理想是希望能够成为一名光荣的义务工作者。

由此可见理想不是一成不变的，有的时候距离现实又是那么遥远，有的时候又是那么不切合实际；而我们自己的许多理想都改变了，要么已经实现，要么被时代所淘汰。确实，当我们追求理想的时候，才发现那是一件难于登天的事情，可能也会把自己一步一步地推向孤立无助的深渊。时代在进步，如今，我们没有墨守成规地按照老一套去做，才得以改变教育方式，最终把小孩子教育好。说了这么多，我想教育小孩子其实也并不难，如果我们都把思维打开，不再成为孩子前进征途的绊脚石，而是成为他们前进中的动力源泉！那样的话，孩子的教育就迎刃而解了。

最后我想说的是，昨日需要精心呵护的幼苗今天已经长成了参天大树，为了孩子更加美好的未来，我愿意放弃一切腐朽的固执己见，扶女儿上马，送她一程祝福，还她一片自己的空间，望着她快马加鞭，自由自在地驰骋在广阔的天地。

## (6)给女儿减压势在必行

又是一年一度的感恩节，我们一家又可以再一次的团聚。

女儿终于回来了，我们都四个月未见到她，当她站在我的面前时，我的心一下子凉了半截。看得出来女儿比以往更加成熟，也更加漂亮了，然而孩子的面容也憔悴了许多。我不忍心去问孩子，为什么才短短的几个月没有见，居然瘦了这么多。女儿一下子看出我的心思，风趣地笑着说：我最近吃的是营养食品，虽然是瘦了，但是显得更加健康了。

我的心里犹如打翻的五味瓶，真不是滋味。当然即使不问，我也知道。自从孩子上大学以后，女儿就没有睡过一个好觉。每天都是学习，学习。她睡觉的时间从来不超过 5 个小时，甚至在吃饭的时候也不忘看书学习。对女儿来说，学习成为了她生活中最重要的事情。可是年复一年地这么努力学习，我真担心她的身体如何吃得消。

我觉得只有身体才是生活的本钱，即使学富五车，纵有经天纬地的本事，而没有一个好的身体也是白搭。我想，无论做什么事情都应该有一个尺度，否则物极必反。

我常常想起一个人，就是范进，他的痴狂让我汗颜，也让我胆战心惊。我害怕自己的女儿也变成这样的人。我常常问：究竟几时我才可以从里面走出来？是孩子太辛苦了，还是我太专注了。我不停地问自己，我该做什么，我该怎么做。我不奢求荣华富贵，只求孩子健康快乐，一家人安康。

## （7）孩子学会了老实低调

好久没有见到我那可爱的儿子了。我确实想得心里发慌。一清早儿子那熟悉的声音就从电话那头愉快地传了过来：爸爸你好吗？我想你了！现在你有没有起床。儿子关心备至的问候把身心疲惫的我一下子从梦乡中唤醒，我顿时精神抖擞与儿子说话，在我心中再也没有比与儿子拉扯家常更享受的事情了。我知道这不仅能够加强和儿子感情的交流，也能够了解儿子近来的思想变化，还可以锻炼儿子学习中文理解能力和口语，实在是一举多得的好事情。

今天的通话不同以往，看来儿子是有备而来，开门见山对我说：“爸爸！听妈妈说您准备要写一本书是吗？”我高兴地说：“是的。”儿子听了以后，对我说：“那好吧，可是您千万不要提到我们！我和姐姐都不喜欢把自己的名字放在书上，因为我们自己做得还不够好，这样自吹自擂会让别人笑话的。”天呀！乳臭未干的小毛孩竟然也有自己的主意！儿子的话音刚落，我就迫不及待地申辩，急忙给儿子耐心地说明为什么要这样做。虽然我知道女儿和儿子都不喜欢炫耀，只喜欢平平淡淡地生活。

午后，我又想起了儿子对我说的话语，渐渐陷入了沉思：是不是我追名逐利？是不是我哗众取宠？是不是我真的错了？想来想去都不是，因为我只是想尽心尽力去做一些众人以为有益的事情。为那些比我年轻而关心孩子家庭教育却不得其法的父母们，分享自己的养儿育女的体会，与大家一起相互学习、共同进步。

可现在，信心满满的我以为能赢得他们的支持，没想到给我泼来一盆冷水，我不得不再一次地陷入沉思：也许是突如其来的缘故，他们还没有准备好。夫人也保持了沉默，女儿更是遥相呼应、极力反对。我真的做错了吗？问问苍天，我别无所求，就是真到能够出版的那一天，我也绝不会将稿酬纳入囊中。我会把那些钱毫无保留地捐给那些急需帮助的贫困家庭，使他们的孩子也能够受到良好的教育。

几天以来，一言不发的夫人终于打破了沉默，说出了心中的顾虑：“不是有一句老话：‘人怕出名，猪怕壮吗！’你的想法会不会给孩子招来不必要的困扰？就拿女儿的学校来说，每一个学生都是聪明绝顶，非富即贵，家世显赫的更是数不胜数，可是大家做事都非常低调。平时藏头藏尾还来不及呢，从没有一个学生告知天下人说自己是哪个国家主席的儿子，也没有一个学生说自己是哪一个国家的王子。他们在一起的时候都是普通人，只想过着平平淡淡的生活，默默无闻地学习，唯恐受到外界环境的干扰。虽然你的出发点是好的，如果弄巧成拙，岂不是让孩子蒙羞，这样就会得不偿失啊？天下哪个父母愿意看到自己的儿女被别人拿出来成为街头巷尾谈论的话题呢？再说美国的孩子从小在学校里，就培养他们的团队精神，不提倡个人英雄主义的！这一点你要理解孩子们。”

毫无疑问，夫人的才智远胜于我，我恍然大悟以后，心情舒畅了许多。可是箭在弦上不得不发啊，这倒让我左右为难。深思熟虑以后，我准备想再一次说服夫人：任何事情的发展的确都有它的正反两面性，我将义无反顾地坚持自己的想法，和关注家庭教育的父母们分享管教孩子的心得。即使事与愿违，也让我彻底死了这条心。后来，夫人还是接受了我的建议。

不管怎么说，通过这一件事，我看到了儿子和女儿老实做事、低调做人的优良品质。比起从前的我来说，那可真是强上百倍。真是长江后浪推前浪，一浪比一浪出彩。

## (8)多留给孩子一次机会

一般来说，小孩子都很天真无邪、聪明可爱，这种与生俱来的特质决定他们接受新生事物、学习新知识会很快。有许多家长，他们的教子方法确实不错，他们教育得法，使孩子没有走过多弯路，轻松就学会了生活中必备的新知识。而一些初为父母的年轻夫妇，缺少养儿育女的实际经验，面对小孩子一天天的长大，不知道该如何进行正确的教育。

有的家长一心望子成龙，死搬亲子读本，到头来把孩子带入他并不喜欢的学习环境。有的家长互相攀比，没有设身处地地换位思考，把教育孩子当成科学实验田，随心所欲地拔苗助长，结果孩子一事无成。有的家长应酬繁重，对孩子的成长缺少关心，不闻不问，放任自流，结果孩子心理疾病严重……其实，这些现象随处可见，许多人都习以为常了。总之，许多家长说得多而做得少，或者他们总是按照自己的想法，很少去体会孩子的内心想法，和孩子一起去做更多的尝试和探讨。这样的做法都是不合理的，不符合孩子的心理特征。

其实，美国孩子的教育重点是育人为本。其次是在广泛的玩耍中学到知识，务必培养小孩子的想象力和创造力，在这一个过程中，尽量根据孩子的发展情况，找到适合每个小孩子的教育方式。比如：让小孩子学习游泳，能够增强体质，也许会发现他异于常人，是一个不可多得的优秀人才。让孩子们学习绘画，除了能够陶冶情操，也许你会发现艺术天才近在咫尺。让孩子学习跆拳道，除了能够强身健体，增强自信，也许你会发现有朝一日，他就是一个绝世高手等等。美国的学校会竭尽所能地多给小孩子创造一些接触新生事物的机会，使他们有更多选择的空间，这样不仅能够拓宽视野，也能够轻而易举地找到小孩子的兴趣点，以便能够合理地培养孩子的特长。

相反，如果给小孩子提供展示的机会过少，就很难判断他们究竟适合学习什么样的知识，比如你让一个酷爱美术的天才去学习散打，让一个音乐天才去参加马拉松比赛一样。孩子在自己不擅长的领域进行艰苦地训练，浪费时间不说，关键是消磨他们的意志，日后对自己感兴趣的事物也提不起兴趣了，他们已经养成被动接受学习的习惯。

值得一提的是，在美国的学校，老师时刻都在鼓励每一位小朋友，赏识小朋友的良好表现。着重培养他们的自尊心，激发他们积极向上的热情。比如：学校经常搞一些让每位小朋友充分展示自己的表演，而他们自然是全力以赴地展示自己的才能。在这个过程中，老师所能起到的作用就是关心和鼓励！老师清楚地告诉每一位小朋友，机会对任何人都是平等的，只要通过努力，任何人都会获得成功。举办这样的才艺展示，不仅可以拉近师生距离，更便利于老师管理孩子，可以发现小朋友们的天赋特长，培养孩子积极向上的学习热情。别的孩子不说，我的女儿正是得益于这样的赏识教育，她的学习兴趣才变得尤为浓厚。

古人说：千里马常有而伯乐不常有。这就是告诉我们要学会赏识的艺术。谁不想把机会留给自己呢？谁不想得到掌声如雷的赞许呢。多留给自己一次机会，一个改过自新的机会，一个求得包容宽恕的机会，一个留给孩子展示才华的机会。国内的家长们请记住：爱你的孩子就要抛掉那些不好的世俗教育，把机会留给孩子，给他们积极创造机会，留给孩子们一片广阔无垠的新天地。

## (9)养儿育女私房菜

女儿来美国前，在中国上到小学四年级，就学会了吃苦耐劳、勤学上进，为以后的学习和生活打下了坚实基础。初来美国的时候，女儿因为语言不通吃尽了苦头，可是她在美国呆了一段时间，就能充分地适应美国社会了。八年级的时候，她参加了大学 SAT 考核，成绩很不错，得到了一项“小天才奖”，后来非常荣幸地获得了“汉密尔顿奖”的殊荣。这就是在中国学习时打下的功底，得益于中国的基础教育。到了她就读于弗吉尼亚艾伯马尔高中（Albemarle High School）。这时候她的学习就是全靠自己的兴趣了。

专心致志地读了几年书，她竟能一鸣惊人地考取四所世界顶尖名校，这又是如何做到的呢？毫无疑问，这来自孩子正确的人生观。环境的影响对任何人来说都是非常重要。而在女儿身边出现的同学和朋友可以说都是积极向上、淳朴善良的人。因此她乐善好施，严以律己，宽以待人，从不恶语伤人。以积极乐观的态度对待学习和生活中的每一件事情，对社会上一些低级趣味的东西，她是一笑了之。

我们常常发现，对于一个活泼好动，不懂世故的孩子来说，要静下心来学习是一件多么不容易的事情，面对如此枯燥乏味的事情，最初对孩子就要有一定的约束会比较好些。俗话说：没有规矩难成方圆，但不能够急于求成，更不能搞专制，瞎指挥，要有更多的耐心和时间去聆听孩子内心深处的声音。

另一方面，教育不一定非得要去最好的学校，不能忽视其他的因素。即便优秀高中的学生，也不一定都能上好大学。家长要做的就是给孩子打气，多鼓励她，不要自暴自弃，要学会自强不息、坚韧不拔的个性。能让孩子轻轻松松地融入集体、融入社会。有一次，女儿回到家里，说起某某名校的贵族子弟开 Party，每个人都开好车，每人一顿晚饭就要 100 多美元。当时，我们告诉孩子：不要看重眼前这些物质享受，要看的更远，我们要和他们比明天！懂事的女儿知道父母十分辛苦，父亲外出工作，一个月左右才能回家一次。在这期间，她就帮助妈妈照顾年幼的弟弟和料理各种家务。同时，还刻苦学习。令我兴奋的是来到美国几年以后，她的中文不仅没有荒废，而且她的西班牙文还是年级的第一名。

父母是孩子最好的老师。每个孩子都是聪明、天真、可爱的，为什么有的父母能教育好孩子，有的却不行呢？这就需要家长鉴别孩子特长的能力了。每个小孩都有他优秀的一面，作为家长要善于发现孩子的长处，适时引导他们。尽快培养他们自尊、自强、自立、自爱，谦虚的品性，这些都是父母应做的亲子必修课。我的女儿能有出息，我觉得是跟我们的教育方法分不开的。当然，我们父女之间也会出现问题，可是在出现问题之时，做父母的要善意地批评和支持，不要冷言冷语，甚至打骂孩子。多做正面有意义的教导，尽量让孩子养成乐观向上的精神，引导孩子从多方面看问题等，这些都是习惯的培养。所以说一定要先学会尊重孩子，和孩子交朋友，建立真诚的沟通，这样才能让孩子接受家长的意见。

此外，父母的眼光要远大，要学会重视培养孩子的综合能力。要知道学习并不是整天泡在书本里，要劳逸结合，学好玩好，活学活用，把孩子一天生活和学习事物时间安排好，这也是家长必须做好的功课。女儿在高中时，除了日常的学习外，她还利用业余时间到麦当劳打工。这些经历，不仅教会了她如何融入社会，也培养了她的沟通技巧和高效利用时间的方法。后来成为女儿申请大学的重要内容和人生的宝贵经验。

其实作为家长，我们自己本身不是天才，为什么非要让自己的孩子做他们觉得不快乐的事情呢？与其留给子女金山银山，不如留给她一身本事，和健康快乐的人生。毕竟未来的路还要她自己来走。幸福和快乐，是不能用金钱和名利来衡量的。这正是父母给女儿持之以恒的正确教导，再加上轻松快乐的学习环境，最终成就了一个出生于普通人家的“哈佛女孩”。

## （10）毕业前，著名跨国公司力邀女儿加盟

2012年的新春佳节眼看就要到来了，我们一家也是双喜临门。一个喜事是我买了一辆新车，替换了十二年如一日陪我走遍大半个美国的旧车。另一个喜事就是读大三的女儿提前找到了工作，而且还是一家著名的跨国公司。

女儿的运气实在是太好了，和往常一样，有许多大型跨国公司，每年都要到学校提前物色中意的学生，稍早的时候就有四家大公司来学校搞宣传，女儿慎重地申请了比较中意的三家公司，不料全部得到了面试的机会。

经过精心准备，女儿顺利地通过了三家公司的电话面试，没过几天就得到了其中两家全球著名跨国公司的第二次面试通知。不负所望的女儿面对严格的面试，淡定而从容，经过花样百出的提问之后，她又一次打动了评委。经过漫长的等待，终于赢得了第三次面试的机会。这无异于喜从天降，因为现在的就业市场犹如数九严冬，有许多的优秀人才甚至连一次面试机会都得不到。由此可见女儿可算是非常幸运。到2012年1月11日，女儿再一次踏上了最终面试的征途。经过了长达三个小时的问答，女儿终于含笑走了出来。离开的时候，其中一位评审风趣地说：再过一个星期以

后，你不会失望的。等待是焦急漫长的，因为获得这家全球金融资本跨国公司的龙头老大的眷顾实属不易，要从来自世界各地三百多名优秀生中脱颖而出，那是一件非常困难的事情，因为他们的录取率不足百分之九。1月18日，女儿终于迎来了喜讯，她最终幸运地被录取了。女儿高兴得挥舞着手臂，再次呈现出三年前同时被哈佛、耶鲁、麻省理工、普林斯顿大学录取时的喜悦心情。1月19日，女儿按原计划再一次去纽约应试另一家著名的跨国公司。有备而来的女儿轻装上阵，发挥很好，令所有的评审刮目相看，当评审们从交谈中得知女儿已经被别的公司相中后，一反常态地打破惯例当场拍板：欢迎你到我们的公司！你在我们的公司一定可以得到更好的发展！本来一场面试却不知不觉中变成了游说，面对如此场面，女儿也是受宠若惊，激动不已，感谢幸运之神再一次垂青于她。

在经过了几轮刁钻古怪的问答面试之后，女儿学习到了许多新知识，其中收获最大的就是诚实。人无完人，每个人都不可能像神仙一样能掐会算。而几乎所有的面试官最不能容忍的就是坐在那里听年轻人信口开河胡说八道。如果你知道就如实回答，如果不知道也要坦诚相告。如果你有幸选中的话，他们会根据你的实际情况去针对性地培训你，让你知道更多实际的事情。如此一来，公司容易掌控每一个职员，知道他们会做什么。而不是出现问题后，职员除了指手画脚，就是束手无策，那样对公司只会造成损失。就像先贤所说的一样：知之为知之，不知为不知。不懂可以学，用心学总会弄懂的，不懂装懂那是害人害己的。

无论女儿最后选择哪一家公司，现在都不重要了，重要的是她从现在开始又要面临人生新的挑战了，对于擅长学习的女儿来说，快乐的人生与健康的身体才是最重要的。

## （11）活学活用才是硬道理

有些朋友给我来信说，他们是即将毕业的大学生，虽然他们朝气蓬勃，意气风发，可面对未来就业压力的严峻形势，心里都是忐忑不安，难以适应。对于这些问题，我首先想说，要有一个谦虚、平衡的心态，虚心好学、不骄不躁。其实这些都不是什么大问题，我们在生活中也会遇到这样的难题，关键是要怎样去适应这个社会。确实，学生在校园里呆久了，就觉得社会上的东西好复杂，面对这样的一个变化，肯定有一些朋友会不适应，但是不要忘了，我们是有社会性的，再怎么着也要学会跟人打交道，不要畏惧社会，其实社会就是校园生活的升级版而已。

再一个就是你们要学会把自己在学校学习的东西恰当地应用起来，这样心里就会有底气。其实，学校教给我们的东西已经足够了，我们所要做的就是把那种学习方法普通化，使其能够在自己想要做得那个行业上发挥作用。有的人少年得志，有的人大器晚成，许多人愈挫愈勇，他们不因一时得失而垂头丧气，会仔细排查失败的原因，问题的关键到底是出现在哪儿，进而对症想办法，解决一个又一个难题，这样一步步成长，最终做成一番事业。而有的人整日忙得不可开交，却碌碌无为，也有的人整日无所事事。这些人他们并不是没有能力，也不是不勤奋，而是因为他们不会活学活用，没有扬长避短，这样的人一旦掌握了做事方法，我想也一定能发挥出自身的长处和潜力，能大有作为的。

还有，我们不仅要问：为什么要读书呢？其实这些道理非常简单，学习不是为了那些枯燥乏味的文化知识，也不是为了那些抽象的价值观，而是想要通过学习这些知识能真正融入生活，让人更加明白为人处事的道理，明白健康的体魄、积极向上的热情和快乐的人生要远比金钱和分数更加重要的道理。

有一位博友，他有一个天真可爱的女儿，并且已经上小学四年级了。别看她女儿还小，朋友给她树立的志向却不小：把上耶鲁大学作为她的第一个人生奋斗目标。可怜天下父母心，与朋友聊天中，我知道他的确想竭尽全力地帮助她。某天他问我这个年龄段的孩子应该怎样学英语？经过一番思考，我给了他一封信：

敬复好朋友：

你好！

承蒙你的垂询，我就说一下自己的想法，有很多不妥之处，我们可以再商量。我觉得小孩子的这个时期，首先培养的是孩子的学习兴趣，而不是灌输她多少知识。比如：有时候我们知道小孩子做的并不是很完美，也不要拉下脸，大肆发一通脾气，毕竟孩子还小，不是神仙下凡！她不可能在每件事情上都做好。我们一定要多鼓励小孩子所取得的成绩，然后再慢慢引导孩子学习。另外，在平时家长应当多采取一些寓教于乐的学习方式，这样不仅让小孩子的记忆深刻，更为主要的是可以把孩子的注意力吸引到学习中来。当然，在学习中，千万不要给孩子过多的压力，那样，孩子在压力面前就会知难而退了；更不能够拔苗助长，让孩子学习那些超过自己实际能力的东西。一定要脚踏实地地培养孩子，不要想着把一个平凡的孩子看成超人的化身。俗话说：心急吃不了热豆腐，说的就是这个道理。如果你真的喜欢你的孩子，那就从换位思考做起，同孩子交朋友，站在孩子的角度想问题，从心里去理解孩子的难处，这样更有利于引导孩子的学习和生活，还可以培养孩子和家长之间的亲情，这也是我们常常所说的赏识教育的应用。

在教育孩子上，除了身先士卒以外，还应当知难而上，而不是知难而退。遇到任何事情都不要大惊小怪。比如：小孩子为什么喜欢看电视？那我们何不通过看电视去掌握小孩子的言行举止，进而指导他们的处事方式，拓展他们的视野，让他们了解书本上没有的新生事物呢？家长如果反其道而行之，即使是把电视机锁起来又有何用！我想只要我们方法得当，能够把小孩子的学习兴趣带动起来，那么我们心中就会有希望。

玩耍是人类与生俱来的本能，无论是大人还是孩子都需要。事实上，玩耍对于一个人的健康成长还非常重要。现代心理学和教育学研究早已证实，玩耍是儿童最重要的学习途径之一，儿童首先是在玩耍中去认识、模仿和体验各种常识的。剥夺他们的玩耍权利，不仅是剥夺童年的快乐，更是在剥夺儿童有效的学习方式。美国著名教育家杜威，对娱乐休闲的功能给出了一针见血的评价："艺术创作和欣赏的能力、娱乐的能力、有意义地利用闲暇的能力，都是公民效率的重要成分，比其它能力训练累加在一起更加重要。"他对蔑视玩耍的行为提出尖利的批评：把休闲玩耍的需求看成是需要加以抑制的，这是绝对错误的，会造成可怕的恶果。而且"没有玩耍就没有成长"这是放之四海而皆准的真理。然而有些人根深蒂固的观念却是只有勤奋才能成才，以至于很多人认为玩物可以丧志，并且用这样的借口把玩耍和功课学习严重地对立起来。在这种情况下，许多家长看到的只是孩子在应试教育中被迫学习所获得的一点成绩，却看不到舍弃必要的玩耍所遗留的隐患。长此以往，小孩子想像力和创造力的开发必将大打折扣，也就无法适应高速发展的科技时代，到那时候家长想后悔也来不及了。

学习是需要智商和情商这两驾马车的，缺失任何一个，孩子的成长都会受到影响。如果孩子玩的不舒服，或者没有时间玩，那么他的情商和智商都会处于低谷，还会伴随注意力的不集中，理解力差等问题随之出现，这种情况下，他的学习成绩自然也好不到哪里。以前，许多家长不理解阅读课外图书的重要性，对"看一些校外的图书"很鄙视，有的家长甚至横加干涉，义正词严地把孩子从外面借回来的小说撕烂。现如今，时代不同了，阅读的重要性越来越被人们所认可和重视了。许多望子成龙的家长们又随波逐流，梦寐以求地希望孩子能够沉迷读书，然而这种做法导致孩子缺少了玩耍的时间。实际上，阅读和玩耍对教育而言都是缺一不可的，它们都是保证儿童健康成长的关键法宝，拿学习的借口来挤占孩子的玩耍时间，无异于想要马儿跑得快，却又不给马儿吃草，是一种掩耳盗铃的做法。

说到这里，可能会有人说：我承认玩耍很重要，也愿意孩子有足够的玩耍时间，只是希望小孩子要有一个正当的玩耍，不希望看到小孩子玩电游，看电视，干这些影响生活和学习的事情。相反，如果他玩别的，比如打篮球、下棋，这些看起来似乎更有益于身体健康，我们会坚决支持。其实，现实中有这样想法的家长大有人在，在他们看来，电游，看电视为不健康的玩耍，下棋、打篮球才是正当的玩耍。其实这是仁者见仁智者见智的看法，比如：现在的小孩子打不得骂不得，都是父母的掌上明珠！很少有小孩可以老老实实地坐在那里埋头苦学的。当然，我的儿子自然也不例外，夫人眼看儿子无法集中注意力去看书的时候，就会马上让他停下来玩一会儿，把萎靡不振的精神重新提起来，等玩好了，再回过头来继续学习。如此一来，儿子对学习始终保持着热情，从来就没有低落过，我想这是边玩边学让他精神上获得休息放松，学习起来也有干劲了。

实际上，美国的教育一直以来特别强调孩子的动手能力，电脑等各类电子产品恰好为孩子提供了一个非常好的动手工具。和儿子一样，女儿在玩电游中也是无师自通。她的许多朋友玩电游也是很兴奋，他们把看似简单的玩耍，玩出了层出不穷的花样，这对孩子的智力开发是一种好的方式。

不可否认，从性格上来说，男孩子和女孩子是有很大的区别，不能够照搬照抄，一概而论。比如：我儿子聪明活泼，好动，而我的女儿却沉稳多了。在学习上，女儿自律性比较强，不用别人的督促就能够自己学习。而儿子则相对贪玩一些，有时玩起来什么事情都会忘在脑后，还需要夫人不时地提醒。有时候，我也在纳闷，同一个母亲生的孩子，为什么他们会有截然不同的性格，在学习上起到的作用更加明显。比如：儿子和女儿同样是在八岁，学校如果搞演讲比赛等活动，女儿一定会抽出时间来，对着镜子勤学苦练，反复地练习，力求精益求精，也不用我们操心。而我的儿子则不然，整日调皮捣蛋，没有姐姐那样认真，况且还会投机取巧，甚至和夫人讨价还价，用礼物的奖励和看电视，玩电子游戏机的时间来和夫人讲条件，不过最终在夫人循循善诱的原则教导之下，儿子也改正了许多主动性差的问题。

还有，我认为如果有相同的时间和精力教会孩子诗词十首，不如先教会孩子一些实用的安全常识。凡事都有一个轻重缓急，但没有比生命和安全更加重要的了。这一点许多的家长可能是不以为然，然而万一到了出现问题的时候，家长就悔之晚矣。

说了这么多，其实都是为了孩子的健康成长。希望我们今后能多多交流，如有冒失之处还请多多见谅。

大安

随后我的博友又给我发了一封坦诚的回复，信的内容如下：

您好！

我女儿今年八岁，如此看来，我确实有点拔苗助长，让她早上学了。看了你的回复，很有感触，我在教育女儿的问题上是有些着急了。在女儿上学的四年中，在学习上我们并没有过多的关照到她的兴趣，而是更多地给她立了一些规矩。比如：周一至周五晚上不许看电视，一回家就写作业等，执行的还好。四年级以后又面临着小升初的压力，我们就对她开始加大学习量了，想让她考一个好一点的初中。从这看来，国内教育和国外教育可能真不一样。真的非常感谢你。

看了博友的来信，我很欣喜，因为我觉得这种教育方式对许多家长和孩子来说都很有用。教育小孩子就应该从孩子自身出发来引导他们学习，那样他们才会拥有健康的体魄，快乐的人生。其实这正是家长们所希望看到的。

# (12)家庭教育何去何从?

美式教育的最大特色就是可以培养出品学兼优、多才多艺的人，越是精英教育越是如此。诸如那些常春藤名校在招收新生的时候，就是按照这样的标准来选拔中意的学生。他们不仅仅看高考的学习成绩，也同样看重学生的各个阶段的其他才艺表现。比如：即使有的学生能把书本倒背如流，可缺乏良好的品德或者缺少足够的想象力，他们也会毫不留情地把他们拒之门外，因为他们喜欢寻找那些德才兼备，富有创造力的学生，一个敢于担当，对社会发展有着潜在贡献的学生。这样来看，那些一味追求分数的孩子就会不得其志。当然，对德才兼备、才华横溢的解读绝对不是呆头呆脑，更不是想当然的自以为是，而是胸怀宽广，有潜质，有创新能力。

许多家长喜欢影子教育，其实这种教育方式是不可取的。因为它把孩子塑造成自己的影子，看起来外表光鲜华丽，实际上孩子自己内心不满意甚至很反感。这其中，最有代表性的就是死记硬背，这种方式扼杀了很多孩子的想象力，严重阻碍了他们创造力的形成和发展。鉴于此，我们在教育女儿的时候，刻意避开了这些教育上的不良症结。根据实际情况，尽量让孩子朝着多才多艺的方向发展。

其实，这个世界上，是那些不满足现状，时常标新立异，并且具有非凡想象力的人，才能成为改变世界和大多数人生活的领军人物。这不是那些只会鹦鹉学舌、夸夸其谈的人所能够做到的。

现如今，不是说：好家长胜过好老师吗？我觉得其实也不完全是这样，无论是好老师和好家长，他们都是同样重要的。家长再神通广大，如果没有好老师的配合教育也是枉然。反之不管老师如何竭尽心力，一旦碰上自以为是的家长也是徒劳无功。所以家庭教育和学校教育要齐头并进，这样孩子才能更好地成长。

家庭教育任重道远，是为人父母一个长期持续的事业，既不能操之过急，又不能固步自封。而是要脚踏实地用爱心和耐心来培育孩子，那样付出才会有收获。

教育没有国界，也不分贵贱，每一个人都有接受教育的权利，只要我们家长通过自身不懈的努力，多做一些自我批评和反思。实践证明，即使是一个没有受过高等教育的家庭也同样可以培育出品学兼优的优秀人才，这也是我对家庭教育一点不成熟的认识和追求。

# 第五辑

# 在美国留学、就业的那些事

## （1）“小记者”采访活动，谁自带了光环？

不知不觉，担任百度家庭教育吧吧主已有五年了，常想着为朋友们排忧解难，却鲜有佳作，总的来说颇为惭愧，实在是有负大家厚望。当初接手吧主的时候，每日所见最多的贴子，大体是来自各类教育中介机构的不实宣传广告，诸如无痛戒网瘾，巧立名目的专家中心，以及各种有影没影不着边的骗人伎俩。后来呢，在吧友的强烈反对和吧务组强有力整顿后，久违的家庭教育交流帖才一天天多了起来，正能量满满。

但最近半年，吧里那些恶毒咒骂自己授业老师甚至亲生父母的主题帖一篇接一篇，同情和赞同跟贴回复蜂拥而至，令人心凉不已。

作为父母，满心的付出感，我们的孩子，为何不领情呢？矛盾来自于哪里？仿佛有一团雾霾堆积在心头。

不久前，与近二十年未见的恩师，87 岁高龄的张国清老先生重新联系上，一通电话，勾起对老师的怀恋，也让我隐隐有了几分清明的感悟。电话那头老师仍然是语重深长地说：志宏啊，你们那个时候是孩子呀，即使有什么错误，不管什么事情学校都把教育孩子的责任推到社会上，你想过没有，还会剩下几人不中枪呢？恐怕都成了社会、家庭的负担，监狱不知道要多建多少呢？再说天下有哪一个父母会把自己的孩子狠心推出家门呢？即使社会没有责任，但老师却不能没有良心呀！

大概，和这些孩子相比，我们的鸿沟不在于年龄，也不是他们得到的不够。因为，虽说我不是老师偏爱的学生，但至今一想起老师，我的心总是滚烫的。相对过去，现在的教育资源和条件好了太多，家庭教育的投入亦不吝成本，结果却渐渐失去在孩子心中的神圣感和权威性。我们的教育投入与产出之间失去了平衡。

连日来某市大张旗鼓地宣传报道“小记者团”的动人事迹报告会。乍一看标题不以为然，慢慢又觉得耐人寻味。其实，差不多世界上各国都有小记者这一个形式或者组织，在中国它最初的由来大多数是这样的，因为许多学生对日常的命题作文兴趣不大，有些学生更视作文为一件苦差，引至作文的内容空泛，组织混乱，所强调的“听、说、读、写”中的说话表达及听觉训练在课堂中亦常常被忽略。记者的工作正好针对这三方面的训练，既要学习与人沟通及小心聆听的技巧，亦要把自己采访回来的资料重新组织写成稿件。因此，便有了小记者一族，并希望能够像欧美其他国家一样，打破以往课堂惯常的学习模式，寓教于乐提高学生的写作兴趣，增加他们在日常生活中的说话及聆听训练机会。然而，现在许多地方的小记者团，却成为了孩子们炫耀自己有多么聪明的舞台，成为一部分孩子高高在上的优越感伸展平台。

从“小记者团”选拔的方法和过程中不难发现，一锤定音式的选拔给孩子评出了三六九等，这样的教育结果对教育的危害性远大于其宣扬的正能量。那么问题来了，大家最关心的是类似这样的活动，到底要不要推广应用呢？换到美国又该会怎么做呢？

答案是肯定的，要！当然要，并且要丰富多彩。但假如“小记者”报告团产生在美国，首先一定是自愿的基础组合。然后可能是平时学习成绩好的与稍微差点的放在一组，加强合作，通过互助沟通取长补短，提升传、帮、带。更多的是无意识所谓的“好与坏”分别组合，在过程中会让两个组都能够清楚地认识到凡事无绝对，每个人都有他自己的优缺点，在“重在参与，比、学、赶、帮”的过程中，后进也可能因此后来居上成为先进，共同进步。

就美国而言，学校一定会鼓励学习差的和学习成绩好的学生更多交流，共同进步。比如说：许多学习成绩好的同学都会主动承担责任，去帮助那些需要帮助的小伙伴，而不是所谓的“物以类聚”远远地躲开。美国没有选拔式“小记者”，有的是以兴趣为导向自愿参加活动。小伙伴们可以组建任何服务于社会的活动，诸如去养老院当义务工作者，去加油站为班级募款洗车等等，发挥每个人的长处和热量。也可参加球队，文艺演出等活动都是培养团队合作精神，以期共同进步。绝不会去刻意地突出个人英雄，制造等级分层。

关心教育的朋友应该都知道，有教无类是现阶段美国的基本理念，是美国前总统小布什十七年前率先提出的。旨在宣扬教育无分贵贱，不分国界华夷。只要有心向学，都可以入学受教。家庭，特别是学校和社会要因人而异，积极发扬孩子的优点，不轻易地丢下任何一个成长阶段的孩子，发展个体的教育。因为每一个人从生到死的发展经历都是独特的。有的人少年得志，有的人大器晚成；有的人虽经努力却生不逢时，有的人一帆风顺；有的人苦尽甘来，也有的人先甜后苦，更多的人是平平淡淡。家长要学着把心态摆正，让孩子做个平凡幸福的孩子。当我们自问，能给予孩子的我都不遗余力地给了吗？他要的潮牌，你买了；他说的 iPad，也买了；他想劳逸结合，你说我也妥协到学习一小时，电脑两小时了；他说的私人空间，你说我都小心翼翼生怕触犯了他主张的个人隐私啊！我们的孩子，不妨让他不为赢在起跑线上，只为让他自己去发掘兴趣，去参与集体，去付出感情！

## （2）好妈妈真的胜过好老师吗？

随着人们物质生活极大改善，世界观有了进一步的认识和改变，而谈论孩子成长的话题，却是古往今来经久不衰永恒的热聊，特别是当谈论到孩子的教育问题时，自然而然地成为了许多年轻“爸爸、妈妈”的最爱。正是在这样的大环境下，有关教育的陷阱和认知误区比以往任何时候更多更复杂，又显得格外引人注目。比如说，前段时间炒得沸沸扬扬“好妈妈胜过好老师”的话题，就是最好的实例，就像是说手心手背哪一个更重要，家庭教育和社会教育资源两者对孩子成长孰轻孰重。不可否认，家庭教育有着任何形式的教育都不可替代的重要性作用，所以才更需要我们求同存异。假如我们换个位置从另外一个角度去思考，就会一目了然看得更全面、更清楚，老师、学校，乃至整个社会对教育所起到的更广泛作用和责任，同样是不可推卸和取代的。

许多望子成龙、成凤的家长，不都挂在嘴边说不能让孩子输在起跑线上吗？其实我也赞同这个观点，那是因为许多人都认为好的开始是成功的一半，是决定孩子将来成功的主要因素。所以对每一个有孩子的家庭而言，正确的教育方式显得尤为重要；同时也是保障价值观正确、社会和谐稳定最简单行之有效的方法。

那好吧，假如我们认同从最初始的娃娃抓起，是赢在起跑线上的真理，那么就应当从小让孩子先学会谦卑友善，等孩子在良好的环境中长大了，就不会有嚣张跋扈的行为和劣性。如果是从小就教孩子学会忍让和公平，主观上不去刻意划分孩子的等级，不歧视每一个人，那么等孩子长大以后，自然就不会出现仇富的心理，也不会在失意时产生怨天尤人的消极行为意识。

如果说从教育的传播上抓起，让一些真正懂得教育的人充当孩子的带头羊，那样又怎么会出现今天这样的尴尬局面。一个品行端正，真正关心国家未来，关心孩子健康成长的人来做领头羊，就不会出现“上梁不正下梁歪”道德败坏的事。因为慈悲喜乐的心，一定生不出仇恨和嫉妒的种子！都说一分耕耘一分收获，假如我们今天种下善因，让一个善良正直公义的人来统领教授单纯的孩子，明天输送给社会的必然是更多的品学兼优可造之才。假如让一个自私自利、毫无道德操守的人来带领本来就天真无邪的孩子，毫无疑问，近墨者黑，若干年后又怎么会呈现太平盛世呢？误人子弟，即使是可造之材，也会一代不如一代，自食苦果。

那么问题来了，既然我们大家都明白这个浅显的道理，那为什么不去遵循科学发展规律呢？非得要老生常谈，说一套做一套才可以吗？自己不想做的事情千万不要让别人做，我们是否考虑过耳闻目睹的孩子们的感受？为什么就不能表里如一呢？渎职，是造成普遍存在的社会问题的罪魁祸首。就事论事，我们都在强调家庭教育的重要，都在强调父母亲责任重大，有不可推卸的责任，而往往忽略了社会和教育部门更大的职责，以至于白白地葬送了许多孩子的未来幸福，大好的前程。

教育也不都是家长的事，社会也需要承担更多的责任。在相互监督的助力下，学校为国家培养建设中的主力军，而家庭为社会所输送的是德才兼备的种子。

朋友，你真正了解孩子吗？从上幼儿园的那一刻开始，绝大多数的孩子，甚至是那些所谓的小皇帝、小公主，在家里的时候可以不买父母的账，但他们一旦到了学校摇身一变，最听老师的话；从一个调皮大王，一下子变成了惹人喜爱的乖宝宝。由此可见，一个家庭能够影响最大、最直接的只是自己的孩子，而对整个社会的影响是有限的，而一个老师一个学校却可以影响到千百万个孩子的命运，一个社会可以说能够影响，甚至是改变时代。

显然，老师学校社会的作用是无与伦比的，由此也更加证明突显社会应该承担更大、更多的教育责任。我们不是常常说先天下之忧而忧嘛、不是常常讲先有国后有家吗，我是双手赞成。我们生活在感情的世界，不是真空包装，也更懂得人情世故。我反对学校、社会，任何形式的向学生摊派；反对官僚主义请客送礼的不正之风。但我坚决赞成由政府出资，企业赞助、调动一切资源加大对教育事业的投入；不光是说说而已，而是需要更切实地提高教师的社会地位和福利待遇；解除他们的后顾之忧。不难理解，一个社会地位低微，负担沉重的领头羊，又怎么会带出一个出类拔萃好的团队呢？

总之，一句话，如果家长期望孩子们将来都能够健康快乐，那么就一定要先同老师学校建立起良好的沟通关系。如果说社会需要更多德才兼备的优秀人才，那么就先从尊师重教做起。实事求是，一切从实际出发，只有这样才有可能建立起一个良性循环的教育体系。所以聪明的家长们一定要先学会与社会沟通的技巧，家庭和社会两者紧密结合缺一不可，这样才能算的上一个完整的教育；否则只会收获失败的教训，你说呢？

## （3）深扒在美国毕业以后找工作到底有多难？如何找？（上）

生活富裕，越来越多的留学生涌入到美国；毫无疑问，莘莘学子学业有成后，大家最为关心的问题是如何能够在美国找到一份不错的工作，这也是对勤奋努力十几年的最好肯定和鼓励。那么找工作究竟有多不容易呢？以下，我从四大方面来扒一扒达人的成功是怎么炼成的。

（一）在美国找工作真的难吗？

我的女儿八岁的时候来美，大学毕业后至今已经工作了七年，可以说我陪伴孩子经历了从小学到大学，以至毕业后找工作的整个过程。特别声明一点，我们在来美国之前和现在都没有特殊的背景，是最典型的草根。我想，应该有资格来说一说个人的不成熟但非常管用的见解。在我认识的女儿所有同学、朋友，还有上班以后的同事当中，有学计算机和金融的名校毕业生找不到工作回国或者继续读博的，也有往常大家觉得诸如律师、市场营销、人力资源，很难很难的专业找到工作的。在我看来，在美国读书毕业以后找工作这件事，正如伟大的爱因斯坦所说，成功是留给有准备的人。天道酬勤，一分耕耘、一分收获，只要你够努力，懂得其中的窍门，什么不可能的事情，都会变成可能的。

（二）怎么找，从哪下手?

是金子总会发光，条条大路通罗马，拿到Offer的方式因人而异，也不止一种，所以没必要钻牛角尖争论说这个好、那个办法不好用，还是多动脑筋关心一下自己的事情吧。有过这方面经历的人都知道，其实方法很简单，通常离不开参加企业到学校的招聘会，一轮或两轮初面试通过后，再去企业当面面试，最后拿到Offer，以及通过网络向心仪的工作单位递交申请。

（三）如何应对招聘会?

几乎所有美国学校的招聘会都是大同小异，一进到会场里，早早地就是观摩的、应试的，企业宣传推广活动的涌动人流，和看不到头的应试长队。不过，等到应试的时候，每一个人都会严格控制在5分钟的问答时间；准备了很久，时间好像又很短。通过这个过程，经验丰富的考官可以不用2分钟分辨出谁的简历是改过的、谁的是临时东拼西凑的，谁花了时间练习如何在招聘会上答辩，谁打算临时抱佛脚。从这个过程中，应聘人员也会学习到踏入社会、人生的第一课，“机会永远是留给有准备的人。”

1）面试官有备而来，你准备好了吗?

许多人不以为然，在毕业前的最后一个学期才去参加招聘会，拿不到面试就说招聘会没用。其实这不是招聘会没用，校园招聘仍旧是录取应届生的主要手段，而是这些临时抱佛脚的人根本就没有重视自己，轻视了准备练习的重要性。即使是天才的成功，也需要勤奋为沃土，更何况谁都不是天生就会推销自己。能够跟面试官谈话拿到下次面试机会的，都是在刚入学的第一个学期就去参加观摩招聘会，从那个时候开始每个学期都去、都模仿练习，这样才会笑到最后，理所应当拿到更多的下次面试机会，最终赢得胜利。

从一开始面试的过程，就像一个倒金字塔的结构，比如说你或许去谈20个公司，幸运地拿到10个面试，进入二次面试；然后在顺利通过3个去企业的当面面试，最后才能脱颖而出拿到1～2个Offer。这样的战绩已经是很不错了。也就是说善于思考、加倍努力的人，可能会拿到更多的机会（我的女儿当年红运当头拿到了所有想要去的面试和offer）。

2）佛靠金装，人靠衣装。

这里不得不说，在参加面试的时候着装和言谈举止同样重要。试着想一想，你自己一副无所谓的态度，面试官怎么会对你有一个好的印象。你都不尊重自己，更不尊重别人，还怎么会指望有一个好的结果呢？几乎每个人都知道，在美国，没有人胆敢不修边幅地去法庭见法官，也没有人异想天开随随便便地去应试工作。从这里也可以清楚地看到，庄重大方，仪表整洁是每一个有涵养、有素质的人必备的着装，不然，自以为是的教训一定是惨痛的。请大家一定要记住：一件漂亮得体的衣服，在庄重的场合一定会给你加分不少；相反，你自己都不在乎，人家更不会拿你当回事，不要为自己的无知傲慢付出代价。

3）简历到底要怎么写才能够加分？

简历就是一块敲门砖，一个把自己包装得体，让别人看到就想赏识的重要名片。而很多人认为写个简历没有什么了不起的，甚至许多人喜欢一劳永逸的走捷径，可以随便一些，更加离谱的是每一次都一字不改照搬照抄，缺少一个灵魂的反思机制。正确的做法应该是把自己的长处事无巨细的认真记录下来，认真推敲，尽量突出自己的长处；每谈完一个公司，就迅速记下来他们感兴趣的点是什么，问的问题是什么，甚至是当时脸上的反应和表情，然后回去反思自己的简历，不断地几十次、上百次修改上面每一个细节，直到完美。知己知彼，你只有摸清对方的需求，才能对症下药。

4）放低身段谦虚更受益。

另外，给国际留学生一个建议，想知道自己不足之处吗？想在短期内提高成绩吗？那就不要说自己了不起，一定要弯下腰补一补课。可能你自我感觉良好，认为自己是所谓“学霸”中的“战斗机”，但是我想说即使你学贯中西，尺也有所短的地方，特别是异国他乡、应试和面谈这个陌生的领域，一定有应付不足的问题，所以我郑重建议你，特别是第一次的工作申请简历，一定要请比你经验更丰富的专业人士帮助填写，因为他们会从更加专业的角度来帮助你怎样扬长避短脱颖而出。而在这个过程中，从他们身上也会学习到更多的社会知识。需要说明的是这个学习过程不同于造假，而是精炼提纯；所以该花钱的时候，不要舍不得，一定要花在刀刃上，否则别人上去了，你会因为这件看似简单实则不然的大事追悔莫及的。

5）别挑肥拣瘦，尽可能照单全收。

另外，很多国际学生为了提高命中率，能够留下来在美国继续合法地工作和生活，都只去谈给工作签证的公司，其实这是很浪费的做法。所谓是否给工作签证，很多公司都默认为不支持，比较含糊，但实际上这些事情都是灵活的。换句话说，如果对方足够喜欢你，他们知道你的实际情况，会想办法留住你，然后给你办签证，所以不要轻易错过任何机会。一方面，招聘会的目的除了拿面试，还要最大化练习谈话的次数，所以什么公司都可以。

6）给自己起一个好听的名字，增加命中率。

我不迷信，不去讨论一个人的名字是否真的会影响一生。但我知道一个漂亮且朗朗上口的名字非常重要，是博取别人喜感所必不可少的重要组成部分。先入为主，还没有见面，光从名字上就可能一锤定音，判断对一个人厌恶和喜爱的第一印象。名字最能代表你。如果你对自己的名字感到满意，那么你对任何类似你名字的事情都会感到满意。社会学家认为，从某种程度上来说，克服偏见需要挑战的是社会，而不是换个名字。

还有人为了彰显自己与众不同，取一个独一无二的名字。比如，“Apple”（苹果）；“苏里”（“Suri”是个东欧人常用的名字），这些名字自己非常享受，但让外界颇感惊讶。这些不同寻常的名字听起来确实让人难忘，不过在一些研究者看来却不值得提倡。你的公司喜欢应聘一个摸不着头脑的人吗？除此之外，透过名字，可以洞察到一个人的家庭背景，间接地读出一个人的性格特征，以及还能够影响职业与择偶等等方面。总之，作为一个国际留学生，一踏上征途的第一件事情，就应当给自己取一个比较亲民，大家都喜欢的好名字，这样对将来的发展百利无一害，还等什么呢。

## （4）深扒在美国毕业以后找工作到底有多难？如何找？（下）

准备去美国读书的小伙伴，在选校时，除了排名，还应该看重什么？在美国找工作难吗？有没有什么窍门？该怎样应对日益激烈的竞争环境？在美国打拼了二十年，我用亲身看到的经历告诉你，在美国读书和找工作中不为人知的秘密。

但凡是来到一个陌生的环境，几乎所有人都是从当初准备出国留学时的兴奋、杂乱无章，到后来初到时的懵懂无知，然后惊觉竞争的压力开始绷紧神经。几年下来，最后有的人如愿找到工作，成为了人生第一步的赢家，有些人输了，不得不继续努力；有的人输得很惨，意志消沉；还有的人先赢后输，又因为种种原因被迫离开工作，为了能合法地留下来，然后再度回到学校，重新经历这些恼人却又无力的循环。

（一）前期面试

有些人可能通过校园招聘拿到面试，也有些人是内部推荐或者通过最大的找工作网站“领英（LinkedIn）”，不管你是怎么拿到面试的，所有人到了面试那一关就重新站在一条起跑线上。谁能跑赢，完全凭借你面试中的表现。很多人来美国之前可能都没有在国内经历过招聘面试，加上语言的障碍，对于在面试当中应该如何表现的一无所知。

1）行为测试。

针对行为测试很多人在面试前就大致一扫，即使是问到类似的问题也完全没有准备好，那我只能说你的悲剧是你一手造成的。或许第一次第二次面试你不了解情况，但面试更多次以上，怎么都应该有一个大概的掌握了。

行为测试的主要内容就是针对你在项目、工作或是活动中是如何表现或是如何工作的，与技术无关。比如说：面试官先让你描述一下你参加的一个项目、工作或是活动，然后他们就会开始问一些诸如项目中遇到最大的困难是什么？如何应对？你在团队中的角色？如何扮演好这个角色？项目计划有没有修改？改了以后有什么影响？怎么克服？提出的意见有没有人反对？等等问题。这些问题回答的时候基本都是要举例的，更多的问题我现在忘记了，面试下来我感觉回答这些问题的关键就在于“做你自己（beyourself）”，因为在那么短的时间，你不可能去编一个故事出来。如果你实在没有遇到过某种情形，也没有关系就直接说好了、因为答不出来的绝对不是你一个人。但是，需要特别注意的是：千万不要让面试官感觉你是在演戏，不懂装懂，自以为是……因为这样的印象更可怕，你一定懂的。每一个人的面试时间可能需要一个小时才能够结束，当然在这个时间里会有更多的问题等着你回答。

有些问题其实都是大同小异的，都可以用一个答案来回答，同时显示你的优势。比如根据做一个项目的经历，可以覆盖领导力、时间管理能力、团队协作能力、纪律性、结果导向、沟通能力。由简历上的一行字推演到一个故事，这种事情一定要精心策划准备！马虎不得。如果是不靠准备，难道你想靠现场发挥吗？你就不怕出错误，直接在现场穿帮露馅吗？

最常见的一个问题是你的缺点是什么？

从标题上看得出，这么通俗的题目面试官提问你简直就是放水了，可是仍旧有很多人各种原因，准备不足现场卡壳。单凭这一点，人家就可以拒掉你。原因很简单，在你接下来几十年的职业生涯当中，没有任何一个会议是不需要准备就可以随随便便参加的。

哪怕这个会议的内容是你非常了解的领域，都最起码要对相关的情况和文件做一个回顾。如果你今天连自己的面试都准备不好，那面试官不觉得你会准备将来的工作会议，就这么简单。至于怎么答才能既不会无关痛痒，又不会毁掉前途，最好的方式还是要找经验丰富的人士辅导和自己多模拟练习，没有其它的捷径。

2）专业测试。

对于这个问题，我们还是首先了解一下这个概念。瑞士心理学家荣格（Carl Jung）认为：感知和判断是大脑的两大基本功能。简单的理解就是：瞬间（大脑获取信息后）触觉感知——直觉感知——感性判断——理性判断，最后做出决定。虽然每个人的大脑做出决定的瞬间都要走这四个流程，但是不同的人滞留时间长短不同。有些人更倾向停留在触觉感知环节多一些，而直觉感知一带而过；有些人在判断环节，更倾向停留在感性判断多一些，理性判断一带而过。此外，美国心理学家 Katherine CookBriggs 提出大脑的这两大基本功能还受到每个人的精力来源不同与生活方式差异的影响，最终的决定就千差万别。

心理学认为，性格是心理活动的体现，而心理活动是大脑活动的产物。通过观察实验，科学家证实了大脑神经科学对人类大脑初期发育的理解。因此，从心理学角度而言，性格一旦形成是很难很难发生改变的。以荣格的《人格分类》理论为基础，美国的心理学家 Katherine Cook Briggs 和她的心理学家女儿 Isabel Briggs Myers 根据她们对于人类性格差异的长期观察和研究，提出了影响大脑作出决定的第四因素：生活方式。

综合荣格的人格分类学说形成 MBTI。即一种迫选型、自我报告式的性格评估理论模型，用以衡量和描述人们在获取信息、作出决策、对待生活等方面的心理活动规律和性格类型。并通过MBTI模型，检测分析性格和职业之间的联系。比如到达一定倾向度的NT型更适合做研究开发类职业，而不是从事销售或客服。到达一定倾向度的STJ更适合从事管理行政类职业，而不适合艺术、设计类职业……经过70多年的实践和发展，这种方式现在已经广泛应用到心理学测量，如企业招聘选聘、内部人才盘点及规划、职业测试等众多领域。相信当你了解了这些以后，就一定会知道该从什么地方早做准备了。

（二）公司面试

当你走到公司面试这一步，最起码可以证明你前期的准备都是足够的，且顺利过关了。而如何处理公司面试，其实已经不需要太多人教你了。但凡能走到这一步的人都会明白，你面对的简直是一个学期项目的工作量——从调查公司背景，到重新评定专业水平，准备报告（有些公司要求），甚至包括穿什么衣服、怎么握手，事无巨细。公司面试不光是对个人能力的检验，也是体力和抗压能力的挑战，很多公司专门设计出拉锯战一样的面试过程，就是为了观察应聘者是否能够承担将来需要超负荷工作的情况。

之前我们谈到了申请的时候可以先忽略签证问题。抱着长长经验的心态，可以先不管公司是否给工作签证，在这个时候马上就会得出结论了。从面试最后一轮公司的副总裁（VP）那里，从他对你是否满意的印象，也可以看得出一些蛛丝马迹。

有的人在顺利拿到Offer后，然后打电话给人力资源主管（HR），告诉他说自己是国际学生，需要工作签证。面对这样突如其来的问题，HR通常不会立即回答你任何问题，想要和公司沟通后再来回复你。话还要说回来，即使是等到的电话是不可以，也没有关系，因为自己有心理准备，何况还有更多的申请公司等着你，犯不上着急上火。大概几天以后，你可能非常幸运地等到了一个好的消息。VP会对你说他们公司针对这个职位一向是没有工作签证的，但是他为你特事特办争取到了，希望你能加入他们公司。由此可见，很多事情都是可操作的，关键在于你这个人值不值得。

（三）职位选择

如果你有多个 Offer，记得利用公司所给的考虑时间仔细考虑，最好能去实地考察，互相比较然后和公司人力资源（HR）协商薪水和福利，而不要傻乎乎地直接答应。除此之外，入职前最好放下身段找两本美国职场新人的书看一看，或者向经验丰富的达人请教，做一点心理建设。

也许也有人会说，我从一开始就过关斩将轻轻松松地一路走过来，就好像天上掉馅饼似的有一个 Offer 送到眼前，你看我多幸运，什么都不用搞云云……我想郑重地说，从某种角度上讲你是幸运的，从另一种角度上你也是不幸的，因为你没有体会过找工作这个过程，欠缺了一个人生成长体验的过程。

体会过的人都懂这是怎样的一种个人成长，可能就几个月以前，原来胆战心惊的事情现在一笑而过，原来看似不可能的事情，现在学会了，自己找突破方法解决了，甚至一下子感觉自己成熟了很多，可以在不断的实践中寻找解决方案，从而达到最终的目标。不断完善自己，增强自信心，这些过程是宝贵财富，是什么都无法替代的。

## (5)聊聊在美国留学期间几种可能的工作机会

国际留学生在美国打工一直是留学生们最关心的话题之一。毕竟，在美国学习和生活需要一笔不小的花费，如果能尽自己的努力增添一些收入减轻家长的负担，同时在工作中锻炼自己的能力，确实是一举两得的好事，何乐而不为呢？说到打工，可能很多人马上想到了去餐馆里刷盘子、做服务生这些比较熟悉的电视剧情。不过，你可能只知其一，不知其二，实际上留学生去校外打工要受到很多限制，这是美国法律的规定。持F1签证的留学生有校内兼职工作、校外工作的CPT及OPT三类工作机会。

**校内兼职工作（on-campus part-time job）**

这种情况是指受雇于自己就读的大学，学生于学期中可以在校园内兼职打工。具体要求每周不得超过20小时，放假时则可以全时工作，每周40小时。工作机会可以到国际学生中心、各单位布告栏、校园内网络系统或各社团学生会等处打听询问。校园内可能提供的工作地点包括校系内各办公单位、学校餐厅、图书馆、书店、宿舍等等，机会通常留给积极争取、语言和表达能力较强的学生，需要经过面试甚至正式寄送履历等应征的过程。

**校外工作（off-campus job）**

美国法律对于外国留学生在读书期间去校外工作有着严格的规定，“申请的工作必须要和自己所学的专业或者课程有关联，并且需要经过自己学校的相关部门批准。”这说明了去校外餐馆等打工这种工作实际上是违规行为，是禁止的。如果偷偷去校外打工，那么只有当所有的知情人（包括你的雇主以及你提起过这件事的人）都视而不见，瞒而不报，学校和移民局都不知情的情况下，你才能继续在美国居留；一旦打黑工的事被学校或者移民局知道，后果不堪设想。不但有被遣返的危险，还有可能被终身禁止再次入美。因此，千万不要铤而走险赔上前途实不划算（有许多非法移民，他们通常以留学申请名义进入美国，实际上是非法居留、工作，打黑工的人除外）。全职F—1学生第一年是不能在校外打工的，一年后则可以采用CPT或OPT形式，在校外打工。

CPT（Curricular Practical Training）基本常识与规定，如下：

1）CPT的目的在于为持有F1签证的学生提供校外实习的机会，使他们在就读期能够更好地将所学到的专业知识应用于实际工作场合。

2）CPT必须和所学专业或者课程有密切联系，是完成学业的必要组成部分。

3）如果是有偿CPT，也就是拿工资的，必须向学校相关部门（一般是国际学生办公室）提交申请；如果是无偿，则一般不需要提出申请，但绝对不允许接受任何形式的报酬。

4）在学校全职就读（full-time student）满一年的学生才有资格申请CPT。

5）在工作时间方面，暑假期间每周不得超过40小时，其它时间每周不得超过20小时。

6）CPT累计时间最多为12个月，如果达到12个月，在毕业后不得申请OPT。而少于12个月的CPT不计入OPT，因此，如果想最大限度地利用实习机会，应该把CPT控制在12个月内。

对于留学生来说，在学时可以申请CPT，毕业时可申请OPT（Optional Practical Training）：

1）OPT的性质与CPT相同，都属于实习，不同之处在于：OPT的开始日期只能在毕业以后，身份仍为学生（F1签证），可以全职工作。

2）CPT必须与所学课程紧密相关，一般需要接到用人单位的录用通知才能申请；申请OPT时不需要录用通知，在毕业后找到工作之前就可以申请OPT。

3）OPT 申请时间请咨询国际学生办公室，开始时间由申请人自行决定。目前规定，最早可以在毕业前 90 天提出申请。OPT 时间不超过 12 个月，开始日可以是毕业日起 60 天内的任意时间，至少每周平均要工作 20 个小时。按照目前法律规定，申请人满足（1）未来的雇主加入 E-Verify 系统；（2）申请人的专业属于自然科学、技术、工程或数学（STEM），两个条件者，OPT 时间可以延长。

4）目前 OPT 规定，学生必须在 90 天内找到工作。为把握时间，有些学生会先找或面谈工作。工作时若获得雇主赏识同意，就可以向雇用的公司申请 H1 工作签证，有机会更可长期在美国工作。

除此之外，有许多读研的国际学生大多数都申请了家属陪读，他们的家属或者伴侣在学生签证期间也是不可以在美国合法工作的。除非学生签证转变成工作签证或者其它合法居留工作身份才可以。就我所知，有许多国内来的留学生不以为然，甚至是顶风作案，他们贪图一时偷税漏税非法打工，然后用挣到的钱去周游度假。

这不是说你有多大胆量，而是你不遵纪守法；不要说没事无所谓，这样的事情的确没有什么好比的，不要看人家怎样怎样，人家没有事，是时候还没有到，你自己可能就是那个垫背的倒霉蛋。所以，这里特别提醒那些明知故犯，做事因小失大的朋友，这里是美国，千万不要以身试法，因为若要人不知、除非己莫为！万一遭到了他人举报，或者是移民局临查被抓，那后果就非常严重了，不仅是自己要被遣返，同样还会牵连亲人断送大好前程，一同面对被遣返回国的命运，悔不当初。

## （6）在美国找工作怎么样才能立于不败

当含辛茹苦几年毕业后，许多留学生和新移民开始找工作、求发展，这是与当地美国人一样的必经步骤。在招聘或者工作中注重哪些方面，就显得尤为重要，成为了当事人必须掌握的要点。以下我们从几个最值得注意的地方分析分析问题所在和到底该怎样做，希望能够帮助到你。

**要点一：及早下手，积累实习生经验**

我的女儿在大三时就拿到了两家公司的offer，并且都是喜欢的公司，给出的年薪也是同专业新毕业生的上限。经验嘛，说得直接就是找工作一定要及早动手。这样不仅能够累计更多经验，还能够增加更多的机会。究竟要早到什么时候呢？每一个人的自身条件不同，但是，如果准备好了，我的建议是要早到大学一年级的暑假。

许多人可能说，不会吧，刚上一年级，真的要这么早就动手吗？这个时候在中国的孩子可能想都不敢想。而在美国对于雇主来说，一个大学毕业生的实习经历（Intern）是至关重要的，而且这个实习经历最好与申请的职位有关，因为它某种程度体现了你能否胜任所申请职位的业务潜力。女儿大学一年级的时候花了半年的时间熟悉大学生活，并努力把自己的分数保证在有竞争力的水平，一年级后的暑假，成功申请到了去中国上海交通大学深造中文考察上海金融市场的奖学金，实地考察上海这个国际大都市，进一步了解中国。

二年级一开始女儿申请了哈佛大学图书馆帮助整理资料的工作，有幸接触到一些相关招生录取工作，并花了很多时间专门研究美国一些招收专业实习生公司的情况。除此之外，还去了学校的职业指导办公室

（CareerOffice）做了登记，这是许多学生，特别是国际留学生不会利用的学校资源。只要是学校的学生，去那里登记了，职业指导办公室就会派专门的人帮助改简历，修饰职业社交网站（如最大最有效的“领英 LinkedIn，有很多职业经理人和猎头在上面活动）等内容，还会安排模拟面试，并把面试过程录下来，和你一起探讨要怎样改进。

女儿的第三年实习是申请了赴香港摩根大通银行工作。她说，实际上只有二年级和三年级的暑假能够有机会做全职实习生，在课期间做的话每周不大能超过 10 小时，因为不仅要同时保持好成绩，还要参加必要的同学之间的交际应酬，巩固扩展人脉。所以，一定要妥善安排好时间、计划好，尽可能提早动手。

女儿的经历并不是个例，多年来美国大学和雇主协会的调查也都证实了这个趋势，即美国绝大多数雇主更喜欢雇用实习经历与工作性质接近的大学新毕业生。不仅如此，在我后来的调查显示，女儿所有同学的经历几乎都证实了这一点。在校读书时，女儿这三年的实习都和投资金融有关，毕业后就自然而然地去了华尔街花旗银行。由此可见，一个靠谱的实习经历和今后的发展有着密切的关系。

**要点二：对工作的热情和与人交流、沟通的能力很关键**

如果说美国公司雇佣大学毕业生时，不看牌子，那一定是假的，只有鬼才相信。果真这样，那么多天之骄子为什么还要挤破脑袋多花钱也要进常春藤名校？不过从同一所学校顺利毕业，找到一份理想的工作，个人综合素质却是最重要的。这个结论是在对 2013 年招募公司的调查的基础上得出的，大部分雇主表示，是否具有非常强的与人沟通能力是一个大学毕业生是否被录取的最关键标准。

女儿的经历就非常好地解释了这种交流能力的重要性。要想在众多的优秀求职者中脱颖而出的确很难，所以必须高标准认真对待。她花了很多时间了解想要进入的公司可以获得的所有资料，包括从毕业进入这家公司工作的学长那里得到的招人部门所喜欢的事物和背景，以及感兴趣的事情等等。根据这些信息，一封很有特色的求职信自然而然就会变成现实。招募会后，和所有的有心人一样，她又给这位代表写了一封很温馨的答谢信，再一次表达了自己对这份工作的向往。毫无悬念，女儿顺利地拿到了第一个入职信，为其后应聘其它的公司打下了坚实的基础。甚至在第二次参加应聘的时候，由于比较放松，就毫不隐瞒地告诉了面试官已经被其它公司录用的消息。一点也不稀奇，面试官当场就拍板录用了女儿，甚至在乘坐飞机回来的路上，还发电邮再三叮嘱一定要来工作。

第三次参加一家公司的应聘时也不例外，他们不仅当场录用，甚至还动用在他们那里工作的学长做说客，经常发电邮介绍公司的优点，劝说女儿一定要加盟效力。不过像女儿这样幸运的毕竟还是少数，但是正常的应聘通常都离不开耐心、感恩和坚持。比如说有的人各种原因没有及时收到成功信息，这个时候事情已经发生了瞎着急也没用。也一定不要自暴自弃，因为在正常的应聘过程中，应聘人员的素质不是一般的高，他们大多数都是通情达理，既坚持原则，又充满人情味。只要是你认真起草一封信把事情说清楚，表现出渴望得到工作机会的心情，结局通常都是完美的。不要哭天喊地，把自己吓死了。这次不行没有关系，下次再来，失败是成功之母嘛，只要认真反思、准备，就一定会有好的结果。

**要点三：团队精神和靠谱的应变能力很重要**

要想方设法证明自己是团队的一分子，越来越多的雇主正在发展其公司团队的工作文化，所以除了员工的实际技能之外，能适应整个团队的变化、具有团队精神的员工更被雇主所接受。这里建议求职者需要培养团队合作能力，以更成熟开放的态度来与不同的团队合作。

美国的很多工作都来自团队的协作，因此一个人的团队合作能力是雇人时很注意考察的一个方面，有个讨人喜欢的好性格是最基本的，为人处世有随机应变能力也是很重要的，这也是多数公司对新职员都有一个试用期的重要原因。比如说“假如你对正做的项目有个很好设想，你自信能冲破目前研究的瓶颈，但却得不到直接上司的支持”，这个时候你是该放弃还是找上一级主管来阐述自己的想法？因为这个问题是一把双刃剑，不管选择哪个搞不好就会伤到自己。放弃了说明自己没有进取精神，懦弱；越级汇报，会有人际协调和团队工作能力差的嫌疑。这本是一个相机行事没有一定答案的问题，考查的就是候选人遇到问题随机应变的能力，需要在高压力下短时间内找到一个尽量没有破绽的答案，通常“当你不能直接回答这个问题时，就要想到外交部发言人一脸无辜萌萌哒的表情，尽量用幽默的方式引开考官对这个问题的注意力”。

比如说，用开玩笑的方式先拍一阵马屁，然后用“这么优秀的团队怎么会有这样的事情发生”这一论调来结束，让面试官先舒舒服服地飘着。很显然，巧妙地回避了矛盾，以退为进不露声色地赞扬了面试自己的公司，这种性格很讨人喜欢，容易融入团队，如果是不被录用也没用什么可惜的，说明他们有眼无珠，而被录取也是顺理成章的事情。

值得一提，有些事情需要随机应变来博取面试官的喜爱，但有些事情却一定要严肃认真一丝不苟。比如说：股票市场瞬息万变，当你不能够确定到底发生了什么事的时候，一定要逐级向上请示，千万不能够擅作主张；更不能在面试官眼前夸夸其谈胡说八道。这样会让他们极度反感。相反，他们提出的问题即使你一个也不会，没有关系，他们可能考虑你其它的潜能录取你，等以后慢慢地培训再教会你。但是如果你自以为是信口开河，那就不好办了，他们实在不想时时刻刻都在提防监控你，不然一不留神就会出想不到的麻烦！所以脚踏实地规规矩矩有时候比自以为是自作聪明管用。

**要点四：职业精神很重要**

在找工作过程中要表现出足够的职业精神，这一点其实每个求职者都会很注意，但很多时候却常常输在细节上。忠诚度是雇主考量员工的核心，要适时地在公司表现出激情和忠诚，这样可以在团队中获得脱颖而出的机会，受到重用。在求职过程中，展现出足够的职业精神是十分重要的。从你开始申请时雇主就开始考查你了，你的申请信是否显示出你对雇主和雇佣的位置做足了了解，你的遣词造句是否有足够的职业规范；一旦你获得电话面试，你在电话里是否表达出对职位的足够了解和热情，你是否有比较好的倾听能力；一旦获得面试机会，从你走进公司那一瞬间管理者就开始阅读你，着装站姿是否得体，脸上是否保持笑容，谈吐是否简明自信，处事是否有理有节，是否自信、精力充足和有职业精神等。

**要点五：申请和面试细节不能忽视**

科技发达的今天，所学的领域都有着相关的技能需要知晓和学习。对于求职者来说，一份工作是否能够胜任，取决于他的技能是否过硬。在面对“高压紧逼”问题时，回答的策略是坦率承认自己犯过的错误和不足，进一步说出自己此后的改正，保持冷静，面带笑容，表现出很强的职业精神和扭转局势的能力。既来之则安之，一定要自始至终沉着冷静，不要受干扰，特别是面试官有意无意间的诱惑。比如说讲到你喜欢的不要喜形于色，不喜欢的更不要一下子就亢奋了，之前稳重的职业面孔一下子没有了，用词开始偏激激进，会让大家看到自己性格的另一面，很显然这样的面试最终砸在了这个不经意的细节上。之前在我的书中就着重介绍了美国小孩子从一生下是如何教育的问题，其中提到，当孩子从开始说话的时候，除了爸爸、妈妈这两个简单的发音以外，第三个发音一定是从谢谢和对不起开始，所以说美国人比较重视礼貌，这一点千万不要掉以轻心。有来有往，凡事谢恩，礼貌性地回复，往往可能是起死回生制胜的法宝。

最后我想说，大多数企业希望员工提出新的想法，员工在具备专业能力的同时，也要努力创新，要善于观察和把握机会。还有，当一份工作做了长时间后，难免会有厌烦感。当累计的人脉资源达到一定程度，一定会有更好的、更新的工作机会，甚至于创业机会。所以，适时考虑为自己留好替代途径也是求职者的要点之一。

## （7）哪些人适合读MBA，从MBA中又能得到什么好处？

MBA 是 Master Of Business Administration 的英文缩写，中文称工商管理硕士。它是市场经济的产物，培养的是高质量、处于领导地位的职业工商管理人才，使他们掌握生产、财务、金融、营销、经济法规、国际商务等多学科知识和管理技能，有战略规划的眼光和敏锐洞察力。MBA 学位是一种注重复合型、综合型人才培养的学位，是能力培养重于知识传授的学位。它教授的是面对实战的“管理”，而不是注重研究的“管理学”。它要求其毕业生有应变能力、预测能力、综合能力、组织能力，并能在风云变幻的世界市场和国际化竞争中不断发展，不断取胜。其课程内容涉及管理类、经济学类、金融、财务、法律等等，能力训练不光讲究组织、领导才能，也涉及以口才为依托的沟通能力、把握全局、进行敏锐思考、判断和处理问题的能力等等。

**什么人报考 MBA？**

1）真正求学的心态去读 MBA。他们感到有必要去学习，去充电，以便更好地解决工作中的实际问题。

2）工作中不太顺利的年轻人。为了给自己一个新的起点和希望，他们期望以 MBA 作为一个跳板，实现自己的人生理想。

3）一些学历不太高，工作待遇不理想的人。他们认为 MBA 是一个通向成功的黄金大道，于是他们也义无反顾地选择了 MBA。

4）渴望加入 MBA 强大的人脉资源关系网。这些人并不需要再学习什么，他们不是为了管理知识和实践经验而来的，他们是来结识一批未来的管理精英，为自已建立一个立于不败之地的“关系网”。

当然，不管你是以什么念头来考 MBA，重要的是你是否具备一个 MBA 所要求的基本素质：严谨、务实、毅力、果敢、良好的人际关系以及誓不罢休的精神。选择了 MBA，实际上是选择了一条崎岖的奋斗之路。绝不是那些贪图享乐的人的安逸之路，他们是不会成为一个真正意义上的 MBA 的。

那么 MBA 又能让我们学到什么？它到底又能给我们带来什么好处？

如果你在美国排名前十的商学院深造 MBA 课程，你一定可以学到先进的管理思想、管理方法。通过学习，你将具备一些成为一个职业经理人必备的素质。他们将帮助你、培养你，使你具有成为一个真正的职业经理人的潜质。

大量翔实的案例讲解和分析是 MBA 学习中很重要的一课（是其它任何国家都无法比拟的），在这些顶尖的商学院中，你可以近距离听到一些世界知名企业的 CEO 们为你现身说法，讲解他们在企业管理中遇到的问题和解决方法。这种案例分析的详尽程度是我们所无法想象的。当然，与世界上顶尖的精英接触，除了学到经验，更多的是还可以建立起今后庞大的人脉关系资源。

MBA 有形的、无形的好处也是令人羡慕的，比如说毕业生找工作的好处。

读 MBA 的动机很多，从根本上讲就是为了获取更高的职业发展。那么现今企业对 MBA 毕业生的需求量是多少？MBA 学生的薪资待遇如何？让我们通过具体的数据分析，来了解一下吧。

1. 雇主对商学院毕业生的需求不断增长

调查显示，2015 年雇主对 MBA 毕业生的需求继续呈现强劲的上升趋势，全球有 84% 的企业计划招聘 MBA 毕业生，而这一比例在 2014 年为 74%，五年前仅为 62%。同时，全球各地区对 MBA 毕业生的需求也有较大差异。

2. 毕业生起薪提高

2015 年，全球范围内超过半数的雇主计划为新聘用的 MBA 毕业生提高起薪。在美国，预计2015年新毕业的MBA学生的起薪中值为100000美元，比2014年增长了5000美元，是2015年学士学位求职者预计起薪55000美元的近两倍。

3. 实习是就职的敲门砖

对商学院的学生来说，实习是成功就业的踏板。2014年85%的商科实习生在全职实习期间拿到公司的Offer。

4. 数据分析能力备受雇主青睐

51%的全球受访企业表示2015年计划招聘有数据分析相关技能的人才，高于去年44%的比例。在雇主列出的希望商学院毕业生拥有的三大技能中，数据分析出现得最为频繁。

除此之外，全球大部分公司都在扩张之中。

在全球范围内，多数公司都把自己划分为扩张、发展阶段。而一个处在高速发展中的公司，必然会提供给商学院毕业生就业和锻炼的机会。

## (8) 换个角度分析一下在美国选校和找工作的另类思维

和许多来自国内的精英聊到美国读书的话题，他们所关心的问题不外乎就是出国念书的价值，以及选校的建议、找工作的难易；而他们自己所知道、能给的建议非常有限，能够耐心听听别人经验教训的更少。这些绝顶聪明的朋友，通常是有事不求人，靠自己摸索，需要反复地跌倒爬起的过程之后，才能够有所觉悟。丝毫没有取笑的意思，也不敢说人家头脑不灵活；话又说回来，我自己也不高明，还从来没有享受过振奋人心读大学的兴奋和喜乐，只不过是从孩子们身上有所启发，从旁观者看得清透些罢了。拟写本文，寄希望那些正在准备出国留学的天之骄子，能够及时调整心态，踏实地实现梦想心愿。

**疑惑一：从名校到考虑地理位置的转变**

常有人说，学校的名气大，不一定代表比较好，也不代表这所学校找工作更具优势，这样的话似乎有点道理，其实有失偏颇、很不厚道，我只想说，通常一分价钱一分货不是说说而已，但凡有点头脑的人也应该知道，能够成为名声在外好的学校，绝不是徒有其名的，一定有它内在的美……大多数国际学生在申请学校的时候，是根据学校的排名先做初步的筛选，然后才考虑那些名气比较小的，把他们合理地放在候补名单上；最后从被录取的几个学校中做认真研究筛选，从各个方面衡量选择最适合自己的学校。

对于绝大多数成绩并不是出类拔萃的国际学生而言，通常从“留学”的角度和目的来说，如果你是要“留”在美国找工作，你就一定要更审慎评估你选校的过程。但如果你的目标是“学”，毕业之后就回国工作，那么选校对你的未来影响可能性就不大了。特别是那些既不考虑找工作，又不考虑专业知识学习，边玩边学的“游学镀金”一族来说，有一天想要留下了，选择哪里更舒适居住生活就显得尤为重要了。

其实现在的小朋友思想独立，他们的心思怎么想，不是远在国内家长所能够了解的，甚至是南辕北辙。比如说我认识两个家庭富裕、学业优秀的独生子女留学生，她们给我最初的感觉是“高冷”很要面子，还真的入乡随俗，绝对是来度假享受美式生活的那一种。认识的北京女孩来留学不到一年，光是各种款式的高档鞋就买了三十几双。那位东北来的女孩任性从不打折交易，租房一室一厅 1500 以下根本就不看，只租一年的房子，也要先从网上订购五千多元崭新的家私，甚至还买了昂贵的钢琴，说是给自己的小玩具；真的不知道第二年搬家这些东西要怎么处理才好。你说，人家普通 800 一室一厅的该怎么活……她们给自己花钱如流水，每天都是在高品质地享受人生；除了有限的学习外，最多的就是晒吃喝玩乐，到了假期更是和几个要好的同学一起世界各地飞来飞去，看尽天下风光、尝遍天下美食。自然而然，这种留学方式不是那些靠去餐馆打工挣学费的学生们能够想象的。

不同于国内，美国的学校是可以曲线调来调去的，只要有钱有足够的成绩，就一定可以从名不见经传的学校几个周转爬到高大上的名校。还有，那些在本国因为家庭背景特殊，平时需要低调的朋友，这下子可好了，来到美国后都不需要伪装了，还可以大大方方地高调做人，奢华玩乐几年。有比较才有鉴别，当这些学习成绩不错的富家子弟，习惯于某种生活方式的时候，最后他们发现美国才是有钱人真正的天堂，于是就不想急着回去了，她们便开始想方设法找一个工作轻松，治安良好，环境优美，交通便利的城市居住下来，至于工资钱多钱少对他们来说都不是问题。

言归正传，假设你想要留在美国工作，那你就要先确定一件事情，就是你想要留在美国的什么地方工作。相对而言，东西两岸大都市的工作机会多，办起事情也方便许多，但相对地竞争非常激烈；中、西部的工作机会也许比较少，但那里生活节奏慢、环境宜人，竞争也小许多。按照这个思路，确定好了自己以后想要工作的地点，然后再考虑那个地方的学校；在看学校时，排名和名气固然重要，学校在业界的校友数量也是一项非常重大的参考指标。

美国的地域观念很重，除了那些赫赫有名的诸如常春藤名校，很多当地人可能只听过自己州或自己城市里的大学，所以你选学校前，不要只考虑名校，甚至不要过度沉浸在自己过去的经历，要把钱花在刀刃上，因为这里是一个实力和人脉统治的时代。

举个例子说，纽约市立大学 Baruch College，对国际学生来说名不见经传，但在纽约市，它却拥有最好的会计学位和低廉的学费，纽约市各大公司里基本上都有它的校友。如果你想要留在纽约市工作，你是会选择到其它地方的名校念书，还是到纽约市立大学呢？

**疑惑二：心态决定一切**

如果你问刚从中国来的学生，将来你想要到哪里工作？很多人的答案都是：我也不知道……当然美国有工作最好，如果没有的话，那就回去……从无所谓的回答中，我们大概有可能找出了答案，如果还不确定，过几个月再去看看他们的脸书（facebook），所见的大都是在美国各地游山玩水开聚会的照片；最后，不幸言中，多数的他们毕业后都找不到工作，自带光环，圆满结束异国他乡的游学打道回府了。

心态很重要，尤其是你想要留在美国工作而还没有搞定身份，你就更应该加倍努力才行。在美国找工作是一个跟你印象之中截然不同的世界，这里的竞争程度超乎你的想象，很多人一个月参加了超过十次的面试，却一个回应也没有；还有人更惨，投递了上千份履历却连一个面试机会都得不到。在这里你要学会一个人面对、处理失败，把跌倒当作生活，你才能够坚持下去。这些都需要一个百折不挠、奋发向上的良好心态来支撑。

**疑惑三：国外工作真的比较好吗**

毫无疑问，工作环境有时候跟一个地方的文化底蕴密切相关，国内的工作环境有它的艰难之处，但对某些喜欢吃皇粮的人来说，却是再适合不过了。相对地，靠公平竞争实力说话；没有请客送礼走后门；没有户籍管理限制；没有贪污腐败等则是美国的标签。实事求是客观地看待，虽然这样的工作环境很多人向往，但其中也有他们的困难和隐痛之处。

千万不要误认为到美国工作会比较轻松，甚至是吊儿郎当可以随意“磨洋工”；以为每天都可以想来就来，想走就走，还有享不尽的节假日；实际上在这里每天加班、加点的大有人在，从事两份以上工作的人也是随处可见；当然钱不会少你一分，超过法定工时按 1.5~2 倍计算。不过，最重要的可能每一次是被迫的；很多时候，你也会在毫无预警的情况下被公司裁员。如果你能够入乡随俗去泰然处之，那么或许这些事对你来说根本不算什么，经验更是非常宝贵的。

另外，如果你要留在美国，就要有长期抗战的思想准备和规划，毕竟美国不比母国想怎么样就怎么样。假设你的目标明确，工作两三年之后回国，或许在国内的外商企业中你会很抢手；但如果你在国外工作了十几、二十年之后再回国，就很可能会找不到工作了，除了人脉关系以外，一方面是因为文化适应的问题，另一方面也有可能是因为年龄大了的问题。

总之，在一般正常的美企，你的薪水应该不会错，该补偿你、该给你的福利不会少一分，而且这边的教育事业、医疗资源、居住环境、食品安全，社会保障，等等，的确是比较好，但你要靠自身实力承受各种不一样的竞争和不稳定性，这是一条需要决心的不归路。

**疑惑四：要想留下工作，比别人好一点是不够的**

留学美国，多数国人关键时刻有一个特性，就是腼腆害羞。他们在会议里总是保持沉默的那一群；遇到机会，也习惯先在人群的后面观察，最后再决定是否要跟随领头羊。只有极其少数的人才习惯做第一个。

异国他乡，我们的语言不如当地人具有优势，再加上我们又是没有背景的外国人，如果我们在关键时刻沉默害羞，请问，我们怎么样才能够给面试官留下深刻印象呢？同一个工作机会，外国人要击败当地人，不能够只是比别人好一点点，要清楚知道这样的优势并不明显，你一定要更好，甚至光芒四射。既然语言无法胜过人家，那就要在其它方面超出很多。

既然来了，我们的目标就要很明确，态度要很积极，主动出击不回避。语言不好不可怕，只要主动去参加各种语言学习活动；只要一有问题就厚着脸皮，不管是好的还是坏的问题，刨根问底搞清楚。每一天多与人交谈，走出自己外来语的社交圈，这样就会很快地迎头赶上。相反，知难而退，被人笑料的不是一时，而是可怕的一世。万事开头难，你如果不踏出第一步，就算你的经历、成绩再好，你也比不过那些积极社交人脉广的当地人。所以，心态真的决定一切，我们要学会如何成为一位明星。

以上只是给各位一些选校和心态的建议；加油哦。

## (9)留学美国找工作不得不知的校友圈

读万卷书不如行万里路。出国游学、工作，不仅可以一睹世界名校的风采，还可以学习到人生更多的知识，绝对是眼界大开获益匪浅。就国际学生而言，修成正果最关心的事情再也没有比毕业后能够留下，并找到一份满意的工作重要了。所以在你踏上游学的那一刻，除了更早了解那些广为人知的事情，还有必要了解一些校园中不为人知的秘密，为今后落户、找工作打下坚实基础。

比如在校园美丽安宁的另一面，你会发现让人想不到的是，以学术著称的美国大学同样存在着一大批神秘组织。诸如和美国总统关系密切的骷髅会（Skulland Bones Society）、骷髅会的夙敌轴匙社团（Scrolland Key Society）、康奈尔大学的精英团体羽毛笔与匕首协会（Quilland Dagger）、神秘莫测的北卡罗来纳大学津购会（Orderof Gimghoul），佐治亚理工大学“阿纳协会”（ANAK Society）等等形形色色、大大小小的组织结构，他们相互扶持照应，经过一代代繁衍生息，从美国白宫、国会、内阁各部、最高法院以至于中央情报局，成员无所不在。

当然，像这样举足轻重的朋友圈也不是每一个人都可以随便加入的，是需要他们高标准严要求的选拔，而一旦成为其中一员，无疑是找到了铁的靠山。有的朋友不解，光看名字就那么恐怖，会不会是黑社会组织，其实可能你想多了，名字只是表象，并不能够说明或者代表什么。

开始找工作以后，你还会惊奇地发现，每家公司都有多年前毕业的学长来学校。所以在美国找工作，我们不得不提还有一个校友圈（networking）这个概念。许多人还没有入学念 MBA 的时候，就明确知道读

MBA 就是为了要这个学校的校友圈，甚至有句话更是直白叫“你知道什么、认识谁”。

如果你不了解校友圈是什么意思，那接下来我会告诉你这究竟是怎么回事。每年，每家公司都会来学校做宣讲会，会带很多现在在这家公司工作的校友来跟你聊今后的工作，看你适不适合。从这个见面开始，基本你就好像有了一个积分卡，参加活动加分，提问加分，跟校友聊加分，报名不参加活动减分。每个公司除了正式的宣讲之外，还会有一些非正式的活动，比如说咨询公司会安排工作时间，派一些校友过来跟你聊天。几个顾问过来跟你模拟案例面试，做专题访谈。学校俱乐部利用晚上时间，让好几家公司的代表同时来学校开一个更大规模的招聘会（careerfair，conference）。而你如果准备投这些公司，面试之前就要去参加所有的这些校友活动，增加积分，让面试官记住你，这样增加你面试机会。

招聘季的时候，到处是穿着讲究，手里捧着笔记本，别着名称标签的 MBA 穿行于各个活动现场。一到宣讲会结束，公司来的代表周围一定会围上几个笑容满面的学生，他们热情礼貌地询问事先准备好的各种问题。既要显得自己对公司做过研究，又要突出自己不凡，还要彬彬有礼地照顾到周围同学的感受，总不能一个人抢尽风头吧。在要完联系名片，活动结束的时候，他们可不轻松哦，还要赶着回家写上一封热情洋溢的感谢信，然后再等接预约电话面试（informational interview）。

通常，每家公司怎么着也得聊个四五个人，但这并不是说做得已经很好了。如果遇到有些善于表达推销自己的同学甚至可能会把公司所有的几十人聊一遍。这个时候想想看，连美国人都这么拼，国际学生还有什么话好说呢？如果不加倍努力，拿不到面试机会也是情理之中了；运气不是太差的话，没有理由不中，不中也只能怪自己。

除了这些眼前的，而那些远在校外的校友圈想要聊聊就更是难上加难了。但许多人绝不会放弃任何可能的机会，他们通常会在领英（Linkedin）上用关键词把所有想去公司行业的校友或者挨得着边的人找出来，然后一个个发信约电话，有回信了再一个个电话聊。尽管这样靠运气约聊的成功率可能不足十分之一，而且就算你聊了电话，离拿到offer还遥遥无期，即便如此，许多人还是乐此不疲，不退缩、不放弃。

找工作这件事，我想每个从中国来的同学一开始都会感觉在痛苦中煎熬，许多事情真的不知道从哪里下手。心理挣扎着对自己说，没有什么，只要勇敢走出第一步，一切都会好的，特别是那些平常性格内向的同学会更难。许多书呆子都有不同程度的自闭倾向，他们非常讨厌校友圈的人，许多人单纯不喜欢利用别人，不喜欢带着目的去说一些让人喜欢的话，他们每次参加完招聘会，基本都有大病一场的感觉，不仅仅是一个累字所能承受的。而像咨询这种行业，也是美国学生竞争激烈的场合，如果在宣讲会再遇上那些平常学校里面最不讲究的那群人，心情一定会受到更大的影响。

那么如何才能克服压力，最终以开放心态从容面对呢？

我想，若要克服这些困难，首先要调整好心态，想方设法让自己放松最重要。比如说：

1）从容面对，头一天晚上早一些睡觉，养好精神非常重要。

2）早几分钟到场，先预热感受一下气氛；不要匆匆忙忙像赶集一样，这会忙中出错。

3）穿一件自己喜欢漂亮的衣服，让自己走起路来都感觉高兴、轻松。

4）转移一下注意力，先填饱自己的肚子，增加必要的能量；有了旺盛的精力和体力再开始慢慢聊，冲锋陷阵。比如说先犒赏自己一块巧克力，据说有凝神兴奋作用。

5）既来之则安之，坦然面对，一场不行那就下一场，没有什么大不了的，先让自己高兴，预祝成功。

除此之外，还要注意以下几点：

首先，勇敢承认，不掩饰自己弱点。

留学生作为一个外国人，语言肯定是弱点。特别是在发育成熟后才来到美国的同学，不管怎么样努力，说句实话，可能在发音上还不如一个两岁孩子地道。

通过实验证明，每一个人的语言流畅程度跟自信心高度相关。比如同一类国际生在一起时负担就会小许多；不怕别人笑话，就可以游刃有余地开玩笑聊天。而一旦和一群美国人讲英语就会莫名紧张，卡壳。如果能够学着放下包袱，厚起脸皮来，那一定是天下无敌了！说什么不管是对是错，反而顺溜得多了。不过需要注意的是，承认弱点之后，也要知道自己的强项，跟美国人拼聊体育，讲笑话，这是把自己往火坑里推，一定要扬长避短，把话题往项目上聊，往行业、生活方式上引。聊怎么出差，怎么积分，怎么连哄带劝让客户上钩总可以吧。

其次，做个有血有肉的人。

你对一份工作有没有热情，都写在脸上，别人是感觉得出来的。如果你真正做了准备，有适合这份工作的资质，又把自己的热情表现出来，始终是会有结果的。而在一些非正式的校友圈场合，美国人聊天不喜欢一本正经聊工作，他们会问你喜欢做什么，聊一些生活上的东西。比如说聊聊带宝宝，聊聊教育孩子，等等，不要聊怎么处理家庭关系，喜欢谁、不喜欢谁的话题。要入乡随俗，多聊一些对人性普适的话题。

再次，主动热情，要学会先帮助别人。

和正常人交往一样，毫不例外，校友圈也有它的缺点：你有能耐别人都巴结，没用的离得远远的。看到其他人觉得你对他们没有用而不理睬你，用平常心看待，其实是再正常不过的一件事，况且 MBA 有限的时间也决定了大家只能把资源用在有限的地方；也许是大家都很忙，没有时间瞎扯淡。这样不行、那样不行，总不能白白等着一无所获呀……那么如何改变这种状况呢？为了自己不被边缘化，不被 MBA 的现象完全同化，我认为还是多学习那些美国学生身上的优点，与人方便、自己更方便，走出去先帮助别人是不二的制胜法宝。

在寻求帮助之前，先问问自己有什么地方能帮助到对方，并且不带目的地去帮助别人。有时候帮助人并不需要金钱，也占用不了多少时间，纯粹是举手之劳。比如说招聘人员刚来这个城市，你可以推荐餐厅给他们。电话面试的时候，聊到对方正在做的项目，你可以发些自己看过的报告给他。而即使是同学，如果自己有工作机会，也会推荐给他们，跟他们分享面试经验。MBA 的圈子很深又很小，你不知道哪块云会下雨，不确定这个人将来会是你的同事还是客户，不确定几十年以后他也许就是这个国家的计生干部……所以，常发善心，与人为善能让你自己将来在寻求帮助的时候更容易。

这些只是我个人比较粗浅的认识，也许不适用于所有人，但有一点是普世的，那就是要强迫自己走出去，即使一开始觉得不舒服，硬着头皮也要去，因为这是每一个追求理想的人的必经之路，一个从量变到质变的过程。

最后，我想说的是，在公平竞争中，即便是良好的校友圈人脉，也并不能保证你能找到工作，当你把期望值放低一点后，做起事情来才会更游刃有余。就把它当成是了解公司的机会，当成是聊天的机会，当成是免费蹭吃蹭喝的机会，也可以把这个过程当成是一种自我训练，去享受这个过程。最终一次次跳出自己的安乐窝，这就是成功进步。

## （10）你是合格的家长吗？是谁在自以为是？

日前，参加了一个“教子有方”家庭教育讨论，应朋友要求，现把自己不成熟的心得体会整理出来与大家分享……

关于教育的话题该讲的都讲了，搜肠刮肚实在是没有新鲜事好说的。后来，我终于想说最大的体会是老生常谈；不是吗，几百个人聚在一起，每天乐此不疲地在网络上折磨自己，琢磨孩子，我不仅问自己，这么用心良苦算来算去到头来为什么还是竹篮打水一场空、见效甚微呢？相反的是那些高调做事、低调做人的家庭，却省了不少这样的麻烦，成效卓著。这其中的奥秘难道不值得我们认真反思吗？所以，我今天就以教育别人的时候还是先审视自己、实战出精品、成功才是硬道理作为话题吧。

就成功的标准而言，每一个家庭的认识都不尽相同，而我对成功不成熟的领悟是拥有“快乐的人生，健康的体魄，感恩的心肠，这些比分数和金钱更重要”。一样的孩子，差不多相同的家庭环境，同样都是煞费苦心，人家成功了，而你没有，为什么？因为你可能自以为是、聪明绝顶了，不是吗？聪明反被聪明误。

**教孩子之前先端正自己**

严于律己、宽以待人，真正有教养、有本事的人都知道先学做人后学做事的道理，并努力践行；在家庭教育中亦然如此。请不要动不动把自己的过错和“失败”都转嫁到孩子身上，说孩子不争气云云。为什么不先从自身上找找原因呢？

比如说你自己都三分钟坐不住；你自己每天在网络上打着学习的名义鬼扯；你自己都那么固执己见，沾沾自喜；你自己都好大喜功，老虎屁股摸不得，等等；这样的家长你说还怎么能做到给孩子带个好头呢？

每一个孩子都是我们生活中的一面镜子，更有趣的是，如果你稍微留意，从他们身上会清楚地看到曾经自己的缩影……显而易见，用什么方式去培养孩子就显得尤为重要了。寸金难买寸光阴，浪费时间无异于扼杀生命。所以我们要及早当头一棒，及早发现并改正问题。把喜欢对别人指手画脚的作风，改正为严格要求自己作为，彻底改正自我为中心的狭隘意识。也只有这样，才能够庄严自己，进一步改变喜乐的内心世界。不是常说近朱者赤吗？如果你相信上行下效，哪还用得着担心孩子不好？

**盲目崇拜、自以为是的代价显而易见**

许多家长心思细腻，本来可以准确地掌控孩子成长的节奏，然而他们偏偏喜欢狡辩，听不进去别人的善意提醒。比如说，某某人的孩子也是这样教育的呀，可是人家照样成功了等等，一点带面认识……果真如此吗？那让我来告诉你，只知其一不知其二，他之所以成功，可能是出淤泥而不染，就是因为受的毒害还轻，所以侥幸成功了；如果是中毒太深，也是和你一样不能幸免。

毫无疑问，知识更多的学习累积，是为了在需要的时候，能够迎刃而解问题；而不是用来制造更多的麻烦，把简单的事情变成更复杂。许多时候，一个人的真正醒悟只是在瞬间，这与年龄和阅历无关，往往出自一念之间；而成熟却需要培养、需要时间慢慢沉淀。所以，当你一条路走了很久还不见成效的时候，是否想过此时该是换一种思维去思考解决问题，这样也许事半功倍更畅通。千万不要总是以为自己是正确的，因为只有实践才是检验真理的唯一标准。

**高抬贵手、千万不要瞎指挥**

大多数孩子都是生活在激烈的新老交替、两种不同的思维交锋中；因为搞不清楚，才败了下来，以至于迷茫、疑惑，不知道为什么错在哪里？而那些受干扰少一些的孩子却往往可以免除这样的灾难。由此可见，孩子教育最怕的是不懂装懂；把别人引领误入歧途，损人不利己；反之亦然，不懂还不如不做，顺其自然会更好些。不置可否，有时候胡思乱想多了、烦恼更多，想法简单了，反而更畅通顺达。

多读书是增加修炼和感恩谦卑的心、为了明白更多的道理；而不是看过几本书就自以为是翘尾巴、骄傲自大。实际上、哪怕是你学富五车倒背如流，如果不能够学以致用也是瞎扯。所以，那些照本宣科、所谓的专家和教授也不见得真正懂得自己说的是什么；而有些头脑简单，甚至是大字不识的人，却能真正明白其中的道理。谁是孩子好的领头羊，也就一目了然了。

**如何改进、怎么做**

每一个孩子都是独一无二的，为什么要按照别人的喜好或者影子模式来培养呢？真正教子有方懂得培养孩子的父母，不会拔苗助长，更不会哗众取宠不符合客观实际、误导孩子前进的方向。

那么问题来了，究竟应该怎么改进才好呢？归根结底，我认为不如从以下几个简单方面做起。

1）在允许家长犯错的同时，也应当一视同仁、允许孩子犯错！这样才能够在错误中更好的发现总结经验教训，进一步完善人生的意义。

2）在给孩子约法三章的同时，也给家长布置好作业。父子同心、其利断金，“分工协作、比学赶帮”，不是更有意义吗？

3）赏罚分明，言行一致。努力建立起坦诚相待、相互信任的家庭关系，进一步相互了解，增进感情。因为在世界上还有比金钱更重要的亲情。赏罚不是目的，而是约束机制的必要手段，所以要做到言出必行，树立良好形象。

4）人生短暂转眼之间，何不及早觉醒珍惜每一个成长过程呢？在有空的时候尽量多陪陪家人和孩子。相反，即使你再懂得感情而不经常交流，时间久了都会被时间无情地冲淡一切、拉大彼此陌生的距离，那个时候悔不当初。

既然如此，我们究竟该怎么做呢？

我想不妨从以下几个基本方面着手：

1）量体裁衣，走自己的路。

人生一世草木一秋，都说苦短、烦恼多，哭着来、又哭着去。那为什么不想想争取一些快乐呢？不可否认，在人的成长过中，许多时候适当的压力是有益的，会转变成积极向上进步的动力。然而，不切合实际的压力刚好相反，会成为前进中的绊脚石。少一些这样悲催的压力，就会多释放一些人生的快乐，所以说在适当的时间给孩子适当减压，是聪明家长必备的功课。

2）陪着孩子一起成长进步。

比如说和孩子一起制定一个靠谱的家庭计划，把想要做的事情制作成镜框，挂在醒目的位置上，时时刻刻提醒自己。这样一来不仅能够增强亲子关系，还能够在寓教于乐中及时掌握孩子的一举一动，教学相长，共同进步何乐而不为呢？

3）家长什么样的态度，决定孩子将来什么样的观念。

绝不是危言耸听，家长有什么样的思想，就可能决定或者说至少影响孩子的一生。你果真为了孩子快乐健康成长吗？这个时候就有必要尝试不换思想就换人这个方法了。诚然，如果你能力有限，或者是认识到自身有许多不足之处，那也没有关系，因为放养或者是找一个思想比较成熟的家庭教育指导师都不失为好的选择。但是千万不要不懂装懂，那样可能是影响甚至耽误了孩子的一生。

4）一切从实际出发，不盲目跟风。

多鼓励培养孩子的兴趣，不要听风就是雨，盲目掺杂太多的主观意识。比如说，看电视、玩游戏，这是一把双刃剑。如果掌握好了尺度，不仅无害还可以学习到更多的知识，与孩子建立更紧密默契的关系。如果掌握不好沉迷太深，又会影响到学习和身体健康。在还不知结果的时候，千万不要因为担心就裹足不前，要与时俱进，掌握好主动性积极引导孩子，鼓励他们去接触现代人的生活方式，而不是闭关修炼，把孩子的思想禁锢在旧的思维方式中，逃避现实，这不是现代人的生活方式。

总之，一位真正懂得家庭教育的家长，应该是首先懂得培育孩子对新生事物学习的兴趣，广泛地鼓励孩子重在参与，并能够敏锐地在这个过程中及早发现孩子的特长，量体裁衣制定高效的因材施教计划；扬长避短，顺其自然地鼓励孩子健康成长。

## （11）三招治愈自闭症，情感疗法显神通

每一年的4月2日是世界自闭症日，在这个特殊的日子里，抛开先天遗传因素，针对后天因素造成的自闭症，有感而发我对特殊教育自闭儿童的一些粗浅认识。首先，让我们一起来认识一下什么是自闭症，以及看看主流专家都是怎么说的。

一、自闭症的症状表现

自闭症须符合三项基本症状：社会交往障碍（情感）、语言及非语言

障碍（认知）、行为异常。有的患者只有一项或两项症状，称为“不典型自闭症”或“自闭症谱系障碍”。一般认为，社会交往障碍是核心症状，只要具备这一项，就属于自闭症谱系障碍。自闭症患儿他们几乎不能理解情感这种高阶事物，同时以他们的知识结构也不足以产生更多的联想。就像知识点是一个个在天空中独立存在的星星，但是难以组成一个星系，需要某种介质才可以将其关联起来。特别是有关于时间概率和情节的思维对他们来说难度实在是太高。

二、自闭症的产生原因及能否治愈

1. 主流的观点认为主要有四种原因

①新陈代谢疾病：如苯丙酮尿症等先天的新陈代谢障碍，造成脑细胞的功能失调和障碍，会影响脑神经讯息传递的功能，从而造成自闭症。②遗传的因素：20% 的自闭症者中，他的家族可找到有智能不足、语言发展迟滞和类似自闭症的。此外，自闭症男童中约 10% 有染色体脆弱症。③遗传：从家族和孪生子的研究中，发现自闭症人士的孪生兄弟姊妹大约有 10% 至 20% 可能有轻微的自闭倾向，从家族和孪生子的研究中，发现自闭症人士的孪生兄弟姊妹大约有 10% 至 20% 可能有轻微的自闭倾向。④脑伤：包括在怀孕期间窘迫性流产等因素而造成自闭症，生产过程中早产、难产、新生儿脑伤，以及新生儿期因感染脑炎、脑膜炎等疾病造成脑部伤害等因素，都可能增加自闭症概率。由于主流医学给出的这四种可能性，都无法治愈，因此主流医学界和心理学界都认为自闭症目前尚未找到治愈的方法，只可以通过一些手段来改善。

2. 所幸近期也有其他专家持不同的观点

一位在 8 年时间内主导过百余个家庭关系修复的家庭修复专家珍妮，给出了一个与目前医学界完全不同的观点：她认为自闭症不是天生的，是后天养育偏差导致孩子心智没有发展出来，交流能力没有发展出来。自闭症不一定有器质性根源，所以认为自闭症也未必是终身不治的，多数患者完全可以后天修复好，修复前提是在正常的家庭环境中。珍妮发现，单纯从家族个体上看，幼儿时期，特别是 12 个月之前，如果养护者自身的人际、情感、交流发生偏差及有意或无意的断裂，就容易导致儿童无法发展出同步适龄的人际、情感功能，导致自闭症状。可以说，自闭症是养护人无意的恶意或自身功能缺失导致的，也可以说，是父母两个家族负面情绪的遗传，是不当养育的结果。因此她认为，自闭症是后天养育偏差导致。所以家长可以做的，就是避免用不当的方式养育孩子。

什么是不当养育，珍妮说，不当养育分成很多种：比如说饲养式养育，认为孩子只要吃饱喝足就可以了，没有必要跟他多说话、教他东西，长大了自然就会了；比如说抑郁型养育，有些母亲本身也有抑郁情绪，又得不到家人体谅，导致母亲的郁闷情绪散发不出去，在情感上根本没有能力照顾婴儿；比如说过度服务型，只要孩子一张口，就赶紧把吃的送到嘴边；还有围观型养育，拿着相机随时给孩子拍照，拍录像，始终在“观赏”孩子；还有多语境养育，一家采用多种方言，让孩子无所适从；还有过度认知型，认字、背唐诗，就是不好好说话。

这些不当养育类型的通病都是从小没教孩子和人之间的交流互动，或者错误地把孩子引向了物而不是人，没有或者极少使用交流式语言和孩子交流，这样都会导致孩子无法发展交流和心智，从而产生自闭倾向。

三、客观找原因主观不放弃

除了治疗师和药物治疗以外，我更加赞赏、相信珍妮教授的观点，血浓于水，毕竟是亲生骨肉，不能听专家不靠谱的一句话就垂头丧气甚至放弃康复的希望。不要人云亦云，许多时候专家也不一定是正确的，因地制宜、因人而异，奇迹不是同样发生在身边吗？最重要的是不要怕麻烦，不要嫌弃啰唆，不要轻言放弃。不行？没有试一试你怎么能知道。

为人父母、丈夫或妻子，有些人在外面夸夸其谈，看起来知书达理；他们有的是时间忙于应酬，可是一回到了家里就判若两人，不要说陪孩子玩上一会，就是和孩子说一句话都费劲，时间不知道都去哪儿了，不可理喻。冰冻三尺非一日之寒，久而久之，这样的家庭关系，即使是物质生活再优越，随着时间的推移，亲情淡泊隔阂也会越来越突出，孩子不变成自闭症都难。

如果你认同缺少关爱是造成自闭症的一个非常重要的主因，那么就应该对症下药，用爱的力量去影响，感化温暖人心。比如说，挤出更多的时间多跟小孩子说话，哪怕是废话，也要多跟他互动；想方设法经常带他出去，只要有活动就带他参加；无论他做什么都要正面多鼓励。打开羞涩的情感世界，用不着夸他如何聪明，应当多鼓励和赞美他做的哪怕是每一件小事的过程。千万不要视而不见、满不在乎孩子的感受，更不要自己主观上不努力，绞尽脑汁在客观上找很多借口，错失治疗良机。

四、对症下药教孩子的时候先端正自己的品行

俗话说，万事开头难。其实要彻底治疗自闭症方法又非常简单，主动出击和耐心是不二法门，即对施教者的思想进行更严格要求，牢牢把握不换思想就换人的正确观点。而不是本末倒置，自己一身臭毛病不改，还大言不惭带坏了好孩子。上行下效守着什么学什么，上梁不正下梁也不会正。一句话，自闭症究其原因，表现在孩子身上，根源却在父母。所以说解铃还须系铃人，治病救人从自身找原因。

在精神世界里，都说江山易改本性难移；我们也可以理解为改变自己，要比改变别人的思想容易得多。既然如此，何不先改变自己的思想观念，然后投其所好再把正能量潜移默化传递出去，不露声色地影响他人世界观的转变。这样的方法不是比强加于人粗暴的方式更能被理解、接受吗?

亡羊补牢，只要有决心、有行动趁热打铁什么时候都不晚，但如果方法不对或者是犹豫不决，不能够与时俱进及时调整改变策略，将来所遇的麻烦相应也少不了，后悔的日子在后头，这绝非危言耸听。反之亦然，身先士卒给孩子做一个好的表率至关重要。

五、如何治疗自闭症患儿、做一个称职的父母

求人不如求己。作为自闭症患儿父母，有必要首先学习相关知识，进一步了解自闭症潜在的危害究竟有多大。在了解真相过程中，不能事事都听信专家的话，因为如果你听信了一个不靠谱专家的错误回答，后果将不堪设想。在困难和病痛面前，聪明的人凡事都能想得开，遇到问题时首先想到的是冷静下来从容面对，因为抱怨只会增加自身的烦恼，解决不了任

何实际问题。肉体上的疾病并不可怕，可怕的是精神上的崩溃，造成意志消沉彻底失败。

朋友，如果你有时间自寻烦恼，为什么不挤出一点去寻找快乐和希望呢？积极治疗，为了挚爱的亲人，你是否应该下定决心不轻言放弃，马上行动起来努力践行呢？这个世界上，还有什么比挽救孩子幸福这件事更重要的呢？

六、心诚则灵，勇敢面对生活

说得好，不如做得好。许多人的出发点都是好的，可问题出在执行力度上。比如说许多家长三分钟热血，语言上的巨人、行动上的矮子，往往不能够言行一致，这是造成功亏一篑的最重要原因……

大家都知道许多事情说的时候非常容易，做的时候很难；面对别人的事情容易，自己的事情难。这不仅取决于所处的环境，事不关己说说而已，若是与自身攸关，就必须有所作为，拿出持之以恒的毅力，用实际行动来支持证明，如何拿、到底该怎么做才更好？我个人愚见，应当从最基本的生活方式改善，先从修身养性做起，一步一步、慢慢来培养成稳固的好习惯。比如说大家都知道执行不给力是导致失败的主因这个道理，不是不想做，是实在做不好……言犹在耳，还记得“世上无难事，只怕有心人”这一句至理名言吗？换一个角度看问题，许多家长都喜欢给孩子安排生活，布置作业，指点江山。如果你能够换位思考，懂一点教学相长的必要措施，那么何不给自己也设立一个小目标共同进步。一说到这里，许多人连连摇头大吐苦水表示：自己整天忙到晚琐碎的事情多，又没有记性。记不住是吗？不要紧，让我告诉你一个简单至极的方式，既不用头悬梁瞎折腾，也不用锥刺股饱受煎熬。

①只要你把想要践行的事情，认认真真地刻在心里，写张纸上，到处贴在家里最醒目的位置上，时时刻刻提醒自己居安思危，就会有意想不到的惊喜。比如说，时时刻刻提醒自己：第一，态度和蔼可亲，不对家里任何人发脾气。第二，每一天都想方设法让家人开开心心，在治疗患儿的同时，顺便把自己也变得更浪漫更有情调……除此之外，如果孩子上学了，

一定要动之以情请老师多多关照（如果自己实在是不善于言词表达，可以邀请一位能言善道的朋友陪同一起前往），比如说恳请老师多给孩子一次机会，多一个鼓励……如果你能够听进去如法炮制，相信你的收获绝不仅仅是家庭和睦。还是那句话，快乐的人生，健康的体魄远比金钱和分数更重要！家和万事兴，成功一定是留给有准备的人。

②调节生活多元化，给孩子养一个自己喜欢具有灵性的宠物调剂单调的生活。比如说：和孩子一起养条狗。狗对主人无条件的爱，具有相当强大的精神支持力量。说句不恰当的，没人比你的狗狗更爱你。即使是亲生父母还有嫌弃孩子，给孩子使眼色的时候，但狗从来不会。狗的这种纯真爱，是人都能感受到。爱就是想方设法包容别人、忍耐自己，对亲人毫无保留的无私奉献……同理，多陪孩子玩儿耍，和孩子推心置腹，尽可能了解孩子的内心世界，诸如和孩子一起动手把房间粉刷布置得更加温馨舒适，让孩子在一个更加宽松开放的环境中成长，这都是有助于增进感情交流，克制自闭症的有效方法……总之，只要有心去想去做，没有不可能的事情（不过，这个办法只是辅助治疗自闭症，根本上解决问题还是靠自己）。

③长话短说，大家最关心的问题是怎么能够在最短的时间里，用最简单行之有效的处理方式获得最大限度的收获。即便你的家庭成员都是内心火热、外表高冷不善于表达情感，看起来给人感觉麻木不仁，那么我来告诉你，为了这个家，和所有的亲人，特别是自闭症患儿，从现在开始，你一定要以身作则，不管是愿不愿意，都要强迫自己早晚给家里的人来一个夸张的深情拥抱，款款热吻丈夫或妻子，随时随地热情亲吻孩子，因为这样做不仅是打开情感世界的钥匙，更是修复感情、架构和谐温馨家庭的灵丹妙药！万事开头难，习惯成自然。我建议你能够在早晨出门、晚上回来的时候挤出几秒钟，第一件事情是拥抱孩子，拥抱家人。用最直接的肢体语言清楚地告诉亲人，孩子你并不孤单，我们都爱你！只要持之以恒，这看似简单的一吻一抱，就会拯救患儿、改变你的一生，改变家庭所有人的世界观和命运！何不试试运气。

假设自闭症不是先天遗传因素造成的，且不是不可逆转的疑难重症；而是来自家庭漠视和缺少关爱的温床。朋友，此时此刻无论你多么成功风光无限，一旦你的孩子出现了不尽如人意的问题，这注定你一生都是一个失败者，留下人生最大的遗憾。既然是这样，你还在犹豫什么呢？为了孩子明天更加幸福美好，再苦再累在所不惜都是值得的！天从来不会断绝人的道路，即使到了最后关头，也不要轻言放弃！只要去争取，总会有收获。

对于没有答案的事，最好的选择是宽容，越发觉得需要去学习。当意识到自己的思想放缓的时候，需要新的指引的时候，缺少更多可能性的时候，重复机械劳动的时候，接受过量劝诫仍恐慌的时候，一眼看得到头的时候，不断想起初衷的时候……就去创造和发现新的知识。一片空白好作画……

## (12)MBA，美国毕业以后怎么找工作？

能够在美国读个工商管理研究生是许多莘莘学子做梦都想要的事情，就投资而言，所交学费最贵的专业一定是商科莫属了。今天找工作费尽心思所流的泪，不是当年选专业的时候没有睡醒，而是在读书之余玩掉了很多机会。

**疑问 1　之前在学校里参加了不少课外活动还拿奖学金，算吗？**

中美两国在文化上有许多不同的地方，很多刚出国的中国同学有个误区：在国内多参加课外活动，比如参加学生会说明我性格开朗有组织能力，各个方面都很优秀；这样的评语，换在美国尤其是研究生阶段根本没什么用。美国的招人公司很实在，他们要找做过相关工作的。什么在校期间当过学生会主席啦，有没有去支教，GPA 有没有 3.8 以上……这些都忽略不计。一般公司认为，只要按时拿到学位就能够证明你是有学习能力的，这些就可以啦。

大多数应届生或者只有1—2年短期工作经验的菜鸟，你的简历应该从刚入学就开始。不是说国内工作经验不算，很多雇主想看到的是你在美国的工作经验。所以在校期间，实习是最重要的！一个人有没有在某个领域工作过，招聘经理随便问一个问题就能摸清楚。如果你的简历大多不是在美国内的工作经验，你如何证明自己在一个语言文化完全不相关的地方可以无缝适应？

暑假也不要急着回国，宁可放弃几十美元一小时优厚的薪酬，也要去做没钱拿的实习生，这是真理。工作经验永远是排在第一位的。

毫无疑问，实习的内容必须要和你的专业相关，最好是本地的公司而不是校内的机构，但是有总比没有好。说读书忙的，GPA只要中等以上就行了，别太纠结这个问题。对大多数同学而言暑假也不要急着回国，更不要到处游山玩水，把这个宝贵的时间，留给全职的实习更有意义，付不付钱都不要紧，哪怕外地的也可以自己掏钱去。一般来说，就算不给钱的工作，老板在完成实习后都会给你写一篇三观很正的推荐信，这比GPA可有用多了。

很多大公司在年底的时候甚至更早都会刊出来年暑期实习生项目的招聘，如果你反应慢半拍就已经过了3月份，这个时候各大公司实习名额早就招满了，不要灰心，调整心态，大不了找小公司。临时抱佛脚，就算读书期间没有实习，毕业后前半年的OPT也可以用来实习，没机会留下来的，边实习边找工作——在美国有这样一个假设：现在在工作的远比没有工作的好，因为最起码你有人要了。

话说做实习，除了可以学以致用的实践，在之后找工作面试的时候能时不时蹦出几个行话，对某几个常用词汇了如指掌非常重要。实习还能让你了解美国工作中的文化、用语以及程序。美国的办公室文化很重视“多看多问”的新人。和中国传统职场流行的请示汇报不同，美国职场百分之九十五的正式沟通都会通过电子邮件进行。电子邮件怎么开头，重点内容怎么起承转合，用多少敬语，怎么放收件人与抄送人，绝对是一个值得坐下来聊半天的话题。至于其他工作中可能会遇到的问题，比如开会前要做哪些准备，什么场合穿什么，和特定客户沟通需要注意哪些事项，这些请不要自己武断瞎猜，找一个合适的机会问一问过来的人；通常来说，只要你的为人处事不是太差，不要担心前辈们不教。一个谦虚低调爱学习多提问的新人，前途总是光明一片。

**疑问 2 没道理，简历投了几百份怎么就没人回呀？**

简历投出去没人理睬，这种情况除了简历上工作经验非常不足，多数情况是因为你的简历内容与公司招聘的职位无关。

找任何工作的第一步，就是确定你要找什么样的工作。商科的专业门路很多，从金融到财会、从经济到组织行为、从市场到销售等等，然而大多数的公司对于你到底是学什么的考虑得并不多，而是你自己决定到底要做什么。

比如你想找销售相关的工作，那就需要在个人经历里强调自己的销售经验；如果想做网络分析（Web Analysis）就应该知道基本的 HTML，网络分析数据（Web Metrics），甚至 SQL 这类常用的代码。想做商业分析（Business Analysis）的，好好学好 Excel 的高端 VBA 用法，项目管理，甚至可以略懂一点 SPSS 或 SAS。不要说这些东西学校里老师都没教，在工作中能用到 20% 学校里学的东西就不错了，剩下都是自己厚脸皮去那些付得很低甚至不要钱的实习里学来的。至于商科学生，想要公司支持的你工作签证，必须要往美国人不愿做、做不好或者不会做的方面发展，除了会计和金融等需要持证上岗的，Business Analyst，Database Analyst/Developer，Business Intelliegnce，Web/App Analyst，Marketing Analyst 这类技术门槛低但要对数字敏感的工作机会还是比较多的。

在确定要找哪类工作后，接下来就是根据这类工作的招聘要求去润色修改自己的简历。

首先，调查表明 HR 在筛选简历时先是按关键词筛选，比如说某个软件；而过目往后的每个简历时间只有 5—8 秒，所以必须把“硬技术”写在前面，比如会用什么软件，会写什么样的代码，用什么数据模型分析，还有最擅长哪方面的工作——要让HR有兴趣看你之后的内容，不会悲剧成秒杀。

其次，简历不需要太多字，尤其是没有总监以上工作经验的同学根本不要超过两页，超过三页的长篇大论录用的机会可能就渺茫了，简历就是要简单扼要！可以充分准备仔细思考一下，特别是喜欢写日记的朋友可以翻看在过去的几年中你有哪些经历是最值得骄傲的，可以写一些超过半年的实习或工作，没有实习的同学如果在学校里有做过校外相关的研究项目也可以写上去，时间就写课程的一个学期。2—3段工作经验，每个工作3—4个工作内容要点即可，每段内容用动词打头，言简意赅，内容尽量量化。

最后，对每份工作都应该要对简历有适当的调整，仔细看Job Description，然后按照里面要求的能力来着重强调自己的优势，修改前面的“硬技术”。如果没时间每次都改简历，最起码要分类。比如说细致入微写3个版本的简历，根据不同类型的工作强调自己不同的能力，比如市场分析的强调自己数据分析能力，做网络分析强调自己在广告投放和A/B测试上的经验，等等。当然，最终你应该确定一个你自己最感兴趣并且有优势的工作类型。

关于怎么写简历，可以免费咨询学校里的就业中心，或用付钱改简历的服务。有一家叫Winning Resume Online的服务，钱不多，简历做得很好，而且保证你一个月内有接到面试，接不到面试免费退钱。有一本教你怎么写简历的*The Resume Handbook*，亚马逊上卖8美元——读完这本书后我猛然意识到自己之前找工作是多么低效。大家可以去网上搜搜。

另外还有些神奇的传说比如异地找工作改本地的电话号码和地址，这些的确能给你稍微多一点的电话面试机会，但是很容易被HR识破，比如人家问你现在在哪儿你千万不能骗人。个人认为改个顺口的英文名作为First Name还是有意义的。

至于简历往哪里投，如果你有个内容建立得不错的Linkedin账号可以在上面直接申请，基本大公司都会在上面挂职位，而且 Linkedin 本身的算法也会给你推荐最适合的工作。剩下的 Indeed 就基本足够。往 Monster 之类的网站上挂简历的后果就是被广告和保险公司骚扰死。

简历只是让你获得面试增加机会的敲门砖，而好的开始是今后更加成功的基础。

**疑问 3　理想很丰满、现实很骨感，每一次跟 HR 聊完，人家也不要我咋办呢？**

HR 电面筛选（Phone Screen）是面试的第一关，问的都是一些基本的问题，比如你什么时候毕业，什么签证（没必要骗人，如果公司不支持 H1B 你也不用浪费时间），你找工作多久啦，薪水期望值是多少等等。实话实说吧，HR 不是做决定的人。他们也就问问你的基本情况，看看你的工作背景是否和职位相关。如果你这关都过不了，除了因为工作签证的原因和实打实的工作经验不够，多数情况是因为你本身没准备好。

首先，HR 并不是你这个领域的专家，他们一般是不会问很深入的技术性的问题的，但是每份职位都有一些硬技术和能力的要求，这就要求你在面试前看好 Job Description，对于它要求的能力都能准备几个案例来阐述。比如工作要求你懂基本的网络分析术语，那你就在网上看看相关理论，要举出自己曾经用某个分析方法解决问题，不管哪里学到的例子都可以说。

发求职信（Cover Letter）的时候要仔仔细细地进行检查，减少你写错字的可能。特别是改动其它公司的求职信，更要仔细检查，千万不要写了半天求职信结果不小心忘记改了求职信里的公司名，发出去后恨得砸电脑。Followup Email 何时发出也要看具体情况，因为 HR 只管你基本能力过关，而招聘经理一般都很忙，你花心思写了一大篇人家都不知道该怎么回。

此外，必须要建立一下 Linkedin 的账户，把平时上课的同学和实习的同事都加一下，尤其适合班里不出挑也胆小不敢直接跟人交流的人，最起码在 Linkedin 上略大胆一些。如果可以让自己曾经的领导再 Linkedin 上给你写个推荐信那就更好了，许多招聘经理都会来页面浏览，了解更多信息。

很多人说人脉是找工作最关键的，但是我们留学生大多孤立无靠，班里美国人平时嘻嘻哈哈老铁，但到关键时刻他们自己找工作也头疼自顾不暇，即便能帮上忙的也是有限的。人脉和简历的作用差不多，只不过帮你领进门，直接过了 HR 那关。内推的好处就是让招聘经理更重视对你的面试；比如说本来你要排到下个月了，他可以调整到下周面试，除非你申请的是推荐人同组的职位也许还能帮你说点好话。但到底招不招得进，还是得看你的实力，在这点上美国人还是相对公平的。

**疑问 4　明天就要面试了，怎么准备?**

关于面试，每个公司都有自己的风格，无论是招聘经理电话面试还是实地面试（on-site），都有必要先看看这个公司会问哪些问题。从基本问题（Straight-forward Question）到行为问题（Behavioral Question）到情景问题（Situational Question）到分析问题（Brainteasers or Skilltests），每种问题的准备方法都不一样。去公司的 Glassdoor 页面上看看基本就能知道十之八九。很多时候 HR 还会给你补个课，比如他们会问什么问题，怎么准备比较好。是的，HR 其实是站在你这边的，因为他们的工作绩效考评是看雇佣率的。所以有关于面试的任何问题，可以随时问 HR。

普遍认为，所有的问题中可能情景问题和行为问题最难吧。传说中面试最难的 Gallup 之类的公司就爱用情景问题。他们的面试会问“你遇到某某情况会怎么做”？一边把你的回答记录下来，然后他们有一套评分的系统可以总结出你是个怎样的人，是否适合这个职位。亚马逊则以行为问题难出名，比如“给我一个例子关于某某某然后你怎么做了”。最基本的回答方法是 STAR 法（Situation，Task，Actionyoutook，Resultyourarchived），不知道 STAR 是什么的请去网上查一下。这两种问题回答的最佳方式就是在脑子里自己准备好几个例子对付好几类的问题，STAR 也适用于大多数的“举例”面试题。Gallup 出版过一本很好的如何回答行为问题的书，网上可以免费下载。

至于分析问题，多数情况下如果不是统计师或者数据科学家，很多是结合某领域专业术语的应用题，也有些简单到“你能用最直观的方法解释中间数和平均数的区别吗”，准备过 GMAT 或是初中代数还记得就好。还有些公司比如脸书整个面试过程就是让你举例你会如何设计测试，这个不仅要求你对本行业惯用做法很了解，更要求你有很好的创新能力。

一般大公司都会有 2—3 轮面试。第一轮是 HR 的 Phone Screen。如果 HR 觉得你基本符合他们的招聘要求，第二轮会推给招聘经理（Hiring Manager，一般也是你未来的老板或者老板的老板）；招聘经理觉得你可以，再会邀请你去第三面试到公司现场，往往是 4—6 人轮流面试。这绝对是个体力活，建议第一次找工作的多面试几家公司吸取经验，也练熟常问的问题——每次面试都是你获得经验的最好途径。

顺便在此强烈推荐一个叫 The Muse 的网站，上面有很多很好的面试建议。许多人东奔西跑结果都没戏，后来发现 The Muse 上有关找工作和面试的内容都仔细读了一遍，不禁泪流满面，不由得感慨万千，如果早点发现这些干货恐怕就有戏了。

当然再怎么看干货，面试中恐怕只有 30% 是看面试技巧，20% 看运气，剩下的还是你本人的能力——你的逻辑性、口语水平、对专业知识的了解度，还有更重要的你是否有一颗愿意学习的心（Coachble）。

关于 Coachble 这个问题，面试相比于你知道什么，人家更看重的还有你能不能在短时间内适应环境以及学习需要掌握的软件。这时候如果你能够举几个你在短时间内主动学习并掌握一项技术的例子，远比在面试时表现得“我什么都略懂、就是现在着急说不清”或是“我什么都不懂、我会好好学的”有用得多。大多数公司在招应届生时都明白招来的人肯定要慢慢教。

还有一个很重要的问题就是你对这个公司是否了解，比如他们最近被谁收购了，开发出什么新产品，什么收益模式等等。好好准备几个如果对方问“你对我还有什么问题吗”的反向问题，最好跟公司发展策略有关的，这就是你展现才华，证明自己有备而来的最好机会。

**疑问 5　通杀面试，还是没人用，怎么回事？**

在面试中，招聘经理除了要看你是否有他们需要的技术，更重要的是你这个“人”。你是否能适合公司和团队的文化，你看起来是否能够和人友善相处，跟你一起工作是否有趣。更重要的是，在茫茫人海中，为什么非要选中你？

有人说大多数招聘经理在面试的头 5 分钟就能知道你是不是他们想要招的人。的确，每个公司 / 团队都有他们自己的风格，有些公司喜欢风格强势的人，有些公司喜欢个性圆滑适合团队工作的人，很多福利很好的独角兽或新兴互联网公司更在乎你的创新能力。当然有几个能力是所有公司都需要的，比如时间管理能力（Timemanagement，Multi-tasking，Prioirtizing），执行能力（Archiver，Cordination），个人贡献（Individual Contributor）。相比于强调自己在团队中是怎样做一根小火柴跟大家搞好关系，你不如强调一个项目是如何在你的协调和辛苦工作下如期完美地完成。大多公司不仅要找一个能干的人，更要找一个有潜力的员工。

许多人认为每一场面试一定要准备好一个如何强调你的闪光点“pitchpoint”，常用的例子是比如你在电梯里遇到一个大投资家要在电梯上升的 2 分钟里介绍你自己，你怎么说。这不是千篇一律的“我工作很努力”或是“我学习能力强”之类的说辞，而是关于特别的自己。比如我的说辞就是我是如何从一名想当平面设计师的广告人变成了捣鼓数据库的分析师，因为我一直相信“因为我有兴趣所以要去钻研”，而且市场营销最终解决的问题都是通过数据得出最大化营销效率（Marketing Effenciecy），以及有美感的传播信息（Marketing Communication）。

这里就牵涉到在面试中，让面试者喜欢你这个“人”，让他们觉得你是一位让人有兴趣一起工作，态度积极，愿意学习，热爱生活的好伙伴。灿烂的笑容，认真的态度，自信满满的气势以及不卑不亢的态度，才是你第一份工作的钥匙。在面试时，谈一谈自己的爱好，穿插点幽默的笑话，让人觉得你是个思想有趣而不死板的人，也不是一件坏事。

最后，我想说一下，面试这种东西到头来都是概率事件，拼得除了人品也是实践出真知的，我在已经工作三年后再在异地找工作，每投 10 份简历大概 1 份电面，每 5 个电面后 1 个 on-site，3 个 on-site 后一份 offer，足足忙了三个月，周围好多朋友基本也是这个情况。在美国找工作，你最大的敌人除了工作签证，就是每天因不断的坏消息而被消磨的自尊心，这种无力的失望恐怕只有经历过的同学才知道。如果连你都不相信自己，又怎么希望对方公司能相信你呢？

但是，回头看看从我们走过的历程，最起码相信我们拼的是实力，而不是关系。自信能取胜勤奋求生存，最后祝愿所有的人都能够达到自己的目标。

备注：

所谓 STAR 原则，即 Situation（情景）、Task（任务）、Action（行动）和 Result（结果）四个英文单词的首字母组合。STAR 原则是结构化面试当中非常重要的一个理论。

S 指的是 situation，中文含义是情景，也就是在面谈中我们要求应聘者描述他在所从事岗位期间曾经做过的某件重要的且可以当作我们考评标准的事件的所发生的背景状况。

T 指的是 task，中文含义为任务，即是要考察应聘者在其背景环境中所执行的任务与角色，从而考察该应聘者是否做过其描述的职位及其是否具备该岗位的相应能力。

A 指的是 action，中文含义是行动，是考察应聘者在其所描述的任务当中所担任的角色是如何操作与执行任务的。

R 指的是 result，中文含义为结果，即该项任务在行动后所达到的效果，通常应聘者求职材料上写的都是一些结果，描述自己做过什么，成绩怎样，比较简单和广泛。

HR 在面试的时候，则需要了解应聘者如何做出这样的业绩，做出这样的业绩都使用了一些什么样的方法，采取了什么样的手段，通过这些过程，招聘者可以全面了解该应聘者的知识、经验、技能的掌握程度以及他的工作风格、性格特点等与工作有关的方面。

## (13)几句话告诉你鼎鼎大名的藤校都喜欢什么样的学生

知己知彼，百战百胜。想进喜欢的常春藤校就要先更多地了解他们都喜欢什么样的学生，下面我们简单扼要地介绍十所名校，看看是否有你满意的菜。

①哈佛大学：哈佛大学的招生简章中有一句话：哈佛大学招生没有公式可言。哈佛大学每年的录取要求都不相同，但有一点是肯定的：哈佛大学录取的不见得都是高分学生，独到的见解、协作精神和动手能力更被看重。哈佛大学要找的就是人群中的领导者，培育的是领袖。

②麻省理工学院：拥有世界理工大学之最的美名，立校根本是培养高科技人才和管理人才。录取学生有两个重要条件：一是非常看重平时成绩，不希望学生很会考试而不会做功课；二是希望看到学生在课外活动中取得的成就以及对社区产生的影响。

③耶鲁大学：要求学生具有领导能力和关注社区历史的爱好，在音乐、艺术和科学方面有卓越的成绩，要非常有趣、充满活力。录取时更重视高中成绩、课外活动、老师的推荐信和个人陈述等。

④普林斯顿大学：校方评价一个学生优秀与否的指标有 4 项：头脑质量，其中包括智商、学习能力、创造力等；品格质量，其中包括责任感、价值观、判断力等；为学校做出贡献的能力；未来在本专业和社区中起到领导作用的潜力。

⑤哥伦比亚大学：位处最繁华的纽约，各种文化兼容并蓄，因此要求学生具有文化欣赏能力。校方认为只有懂得欣赏不同文化的人，才会获得

成功。

⑥宾夕法尼亚大学：在录取新生方面，没有针对任何一个国家或地区学生的优惠措施。除了优秀的学术水平之外，该校要求学生具备娴熟的英文写作和沟通能力，以便适应互动性很强的美式教育，还要求学生具有学以致用的能力。

⑦布朗大学：特别强调和崇尚自由，进校后学生可以自己选择课程和专业，一年时间只学一门数学课程都可以。布朗大学比较偏爱术有专攻类型的学生。学校认为，如果你想成功，只要学会你自己喜欢做的事情就可以了。

⑧康奈尔大学：要求学生极具学习热情，探索、维护并传播知识，其学生必须乐知好学；要求理论与实际相结合，书本上的知识固然重要，申请者必须具有前瞻性、主动性，积极参与到公共事务中去，通过建立于知识基础上的手段与方法解决现实问题；自由学术、开放创新的多样思维；无处不在的人人平等精神，如不会因为其负担不起学费而不予录取。

⑨斯坦福大学：拒绝过学术能力评估测试满分的学生，这不是歧视学生，而是他们需要敢于创新、有社会责任感和社会担当、能够引领人类进步的人。斯坦福大学2012年的录取率是6.63%，2013年下降到5.7%，对于申请者的要求也进一步严格了。到了2017年录取率为4.65%，2018年录取率为4.3%。注重高中时期各科学习成绩。

⑩约翰霍普金斯大学：一所包罗万象没有死角，最低调的美国研究型顶极大学。在医药学领域，几乎汇聚了全世界的青年才俊。在这里，学习的重压会把人的棱角打磨掉，学校对学生硬指标要求严格，要求学生人格诚实，思路清晰，能够积极进取潜心学习，注重GPA绩点。强调学生的爱好和学校的契合度。

## (14)美国大学最看中的是哪几项课外活动?

美国教育界普遍认为,任何一位学生除了学习之外,必须有面对社会的积极态度,他们必须积极参与课外活动,必须关怀社会,必须有社会责任感。不同的课外活动能反映学生不同方面的能力。所以,美国名校在录取时一方面参考托福、ACT/SAT分数,但也看重学生的课外活动背景,课外活动成为能否获得美国名校录取的重要条件之一。接下来就带大家盘点一下美国大学最看中哪几项课外活动的事儿。

一、学生会(Student Government/Student Union/Student Council/ASB)

学生会对于美国学校来说是一个至关重要的组成部分。在学生会任职,招生老师会认为学生很有责任心和社会能力。美国大学希望这样的学生能够在大学生活中,对于执行政策和程序方面有优秀的表现。另外,学生会是通过学生选举产生,也能够体现一定的领导能力。但是,学生会毕竟是一个校级水平的组织,依托学校的便利,许多学生大都能够按照程式化的过程取得一些头衔和荣誉。友情提示大家,最好不要将自己全部的重心集中于此。具体如何参与,要根据自身的兴趣和本校的学生会具体部门来决定。

二、参加体育活动(Sports)

参加体育活动能够锻炼团队协作精神并保持健康的体魄。但是对于大学招生官来说,除非你是值得招募的专业运动员,否则你很难脱颖而出。所以大家不要期望太高。

三、参加实习、研究活动(Internships, Research Opportunities)

参加科研活动在美国大学招生官看来是非常有价值的,比如医学类活动或者科学类活动。这些活动能够表现出学生对其所学领域的忠诚度和研究精神，并且能够向学校证明学生掌握了高水平的研究流程和操作规范。

此外，参加不同领域的课外实习同样能够让学校印象深刻，无论这份实习是在律师事务所打杂还是给体育教练当助理，录取官非常看重学生在探寻未来的职业道路而付出的努力。重中之重，千万不要错过哦！

四、参加艺术活动（TheArts：Music，Theatre，VisualArts）

学生的艺术活动能够为美国校园带来无限生机。美国大学需要有创造力的人才。比如演奏大提琴、演出戏剧或者富有绘画才能。这也正是美国招生官希望看到的未来的大学新人。在多才多艺中既可以陶冶性情，又可以赢得招生官，何乐不为呢？

五、参加学术团队，学术类竞赛（Math，Envirothon，Robotics，Decathlon，etc）

许多学术团队如：数学小组、环境科学小组、机器人科学小组和美国学术十项全能等，都是参与度非常高的课外活动小组。美国大学招生官更期待看到的是，你参加许多课外的竞赛，并获得从区域到国家级的荣誉。这样的经历，能够凸显出你在课程以外的学术兴趣和才华。

关于竞赛规划，每个学生的情况不同，自然会有不同的竞赛之路。

以计算机类学生的竞赛规划情况为例，申请计算机专业的同学，需要具备较强的数学物理和工程能力：数学部分建议大家权衡比赛的难易，选择参加；物理部分推荐 PhysicsBowl 和 F=MA；科创和机器人竞赛建议学生选择参加其中一个就可以了。

再以商科类学生的竞赛规划情况为例，准备申请商科的同学，需要具备好的口才，优秀的领导能力，商业思维能力和较强的数学功底：演讲、辩论和模联比赛都能展现学生的口才，因此推荐选择其中一个参加；各类商赛和 CTB 哈佛大智汇中推荐选择一个参加；数学是经济和金融学习的基础，因而推荐学生参加数学竞赛。

以下是按专业分的具体竞赛推荐：

1）数学类竞赛

数学是商科，大文社科及理工科的基础。数学竞赛中，推荐参加如下竞赛：

AMC（全美数学竞赛），分 8、10、12 年级。这个比赛难度适中，数学又是所有学科的基础，因此建议所有同学考虑参加这个比赛。

HiMCM（美国高中生数学建模大赛）是另一个强烈推荐同学们都考虑参加的比赛

AIME（全美数学邀请赛），AIME 相对难度系数较高，要取得好成绩并不容易；

Euclid（欧几里得数学竞赛）易于获得小奖，前 25%，难取得大奖前 10% 或前 5%；

HMMT（the Harvard-MIT Math Tournament）和 Pumac（the Princeton University Math Competition）难度比较高，建议数学见长的同学参加；

丘成桐数学大赛要求学生将数学课题写成论文，要求很高，因此仅建议学霸同学参加。

2）物理类竞赛

PhysicsBowl

"美国物理教师协会"物理摄影大赛

PUPC

F=MA

丘成桐中学生物理竞赛

比较推荐 AAPT 举办的 F=MA 大赛。这个比赛的小奖设立得比较多，因此相对易得。另外协会将由此选拔参加国际物理奥赛的选手。Physics

Bowl（物理杯），难度较大，推荐物理基础较好的同学参加。

3）化学类竞赛

全国高中化学竞赛

白猫杯化学竞赛

英国皇家化学学会化学比赛

澳大利亚化学竞赛

4）生物类竞赛

国际生物奥赛 International Biology Olympiad

全国生物学联赛

全国中学生生物学竞赛

美国生物奥林匹克竞赛

5）计算机类竞赛

对机器人方面有兴趣，或者打算申请工程或计算机专业的同学推荐参加以下竞赛：

FRC 国际青少年机器人挑战赛

VEX 机器人工程挑战赛

国际机器人奥林匹克竞赛 WRO

FLL 机器人竞赛（乐高机器人）

国际机器人足球联合会 FIRA

RoboCup 机器人足球比赛

VEX 在美国的竞赛有 NASA 和 EMC 支持，难度较高；中国的 VEX 由机器人教育及竞赛基金会主办，旨在推广教育型机器人，引起学生对科学工程的兴趣，因而竞赛难度不高。难度较高，同时认知度也很高的机器人竞赛有 FRC（First Robotics Competition）。FRC 已经引入中国，举行了 CRC，中美机器人挑战赛。14—18 岁，对机器人有兴趣的同学可以组队参加。

其他可以参加的比赛还有如下：

国际编程算法大赛

DI 创新思维大赛

头脑奥林匹克竞赛

DI 比赛从含金量上来说，国际一等奖相当于科创全国一等奖。

6）人文社科类竞赛

演讲比赛：希望之星等

辩论：NSDA，NHSDLC，美国名校辩论邀请赛，全国辩论邀请赛

模联 MUN

CTB（China Thinks Big 中国大智汇创新研究挑战赛）

其中演讲、辩论、模联和模拟法庭都是体现口才能力的，建议同学选择其中一个参加就可以了。对于文笔较好，打算申请传媒或者文学相关专业的同学，推荐参加作文竞赛。如果没有参加作文竞赛，可以发表论文。

CTB 是比较推荐参加的比赛。通过 CTB 比赛，可以体现出学生的思维能力和解决问题的能力。学生以组队的方式参加比赛。参赛者需从主办方给出的 101 个挑战中选择一个研究课题并提出解决方案。挑战涉及 19 个学科，包括人类学、建筑、经济、历史、科技和工程等等。报名在 12 月份，开展研究是在报名之后。

7）商科类竞赛

对于准备申请商科方向的同学，推荐参加 DI、DECA、FBLA 和 SAGE。4 个比赛是从易到难排列的。SAGE（Studentsforthe Advancement of Global Entrepreneurship 赛智），也是一个含金量很高的竞赛。比赛要求参赛者着眼于一个社会或生活中的问题，开展公益创业项目。比赛分为 SEB（Social Enterprise Business，社会企业组）和 SRB（Social Responsible Business，社会责任型企业组）。前者侧重项目的社会影响力的评估，后者侧重项目创新和盈利能力的评估。

对于如何选择竞赛：建议学生在参加这些比赛的时候先明确方向，同时难易结合。

上面提到的比赛多数是试题类比赛，需要长期竞赛培训才能出结果。除了试题类比赛，课题类竞赛则需要提早开始准备，如果有足够的文字支撑还是很容易出成果的。课题类竞赛推荐 ISEF 和 ISWEEP 级别的国际赛事，对申请帮助很大。这可是真刀实枪哦，只要学生的成绩不错，拿到一等奖意味着进入美国前十学校，因此建议同学们及早整合资源，准备

起来。

六、辩论队（Debate Team）/ 模拟法庭（Mock Trial）

在美国大学，辩论队和模拟法庭是特别能体现学生个人素质和知识能力的项目。参加辩论队及模拟法庭，能够帮助学生提升思辨能力以及分析能力。因此这样的课外活动格外受到美国招生官的青睐。

辩论赛不仅在中学阶段风靡，而且在大学阶段也是一个重要的学生活动。美国大学需要优秀的辩论队队员，所以格外欢迎有这方面经验的申请者。美国前总统尼克松、肯尼迪、克林顿都是全国辩论队的优秀成员。

辩论队可以是学校级别的，也强烈推荐学生参加国家、国际级别的辩论赛事，后者更能体现学生在此方面的出色能力。

七、社区服务（Community Service）

无论录取竞争激烈的美国大学还是普通大学，社区服务在学生的履历背景中是必不可少的一部分。许多学校希望看到学生每年在社区服务中贡献的时间不低于 50 小时。

建议大家，可以将自己的兴趣、特长等与社区服务结合起来。比如，通过举办个人画展、音乐会等，为贫困者募集捐款。或者通过学术方面的研究，为有特定需求的人群提供解决方案。爱心人士必有后福。

八、夏校 / 夏季课程 / 夏季项目（Summer Program）

除了上面所提到的因素，在暑假期间你所参加的其它各项学习、体验活动也是至关重要的，这些活动不仅能够帮助你增长知识、开阔视野，还能够帮助你树立正确人生观，参加的活动一定要紧扣主题，对你将来的发展有实际意义，否则的话活动就白做了！有必要提醒大家注意。

**【相关资料】**

哈佛大学——美国独立战争以来几乎所有的革命先驱都出自于她的门下，她被誉为美国政府的思想库，先后诞生了 8 位美国总统，40 位诺贝尔奖得主和 30 位普利策奖得主。他们的一举一动，决定着美国的社会发展和经济的走向。

耶鲁大学——和哈佛大学、普林斯顿大学齐名，美国最近两任总统都是耶鲁大学校友，历史上共有13位学者曾荣获诺贝尔奖。是世界上最早设立人文和艺术学科的大学之一，其英语系和历史系排名位居全美大学之首，是美国高等教育界人文科学研究的高地。

麻省理工学院——当今世界上最负盛名的理工科大学。享有“世界理工大学之最”的美名。培养了众多对世界产生重大影响的人士，是全球高科技和高等研究的先驱领导大学，也是世界理工科精英的所在地。至2007年，先后有78位诺贝尔奖得主曾在麻省理工学院学习或工作。

普林斯顿大学——爱因斯坦在这里度过了他生命中最后的22年时光。它是美国政治家的摇篮，从这里走出了两位总统和44位美国州长。当代最著名的大诗人艾略特在此冥想玄思，33位诺贝尔奖得主以及众多华人学术精英，在这里为人类文明注入了重量级的资本。